超越原生家庭

|原书第4版|

Family Ties That Bind

A Self-Help Guide to Change Through Family of Origin Therapy

［美］ 罗纳德·理查森 著 牛振宇 译

（Ronald W. Richardson）

机械工业出版社

CHINA MACHINE PRESS

图书在版编目（CIP）数据

超越原生家庭（原书第4版）/（美）罗纳德·理查森（Ronald W. Richardson）著；牛振宇译.
—北京：机械工业出版社，2018.1（2024.1重印）
书名原文：Family Ties That Bind: A Self-Help Guide to Change Through Family of Origin Therapy

ISBN 978-7-111-58733-0

I. 超… II. ① 罗… ② 牛… III. 家庭关系－研究 IV. C913.11

中国版本图书馆 CIP 数据核字（2017）第 309788 号

北京市版权局著作权合同登记 图字：01-2017-4833 号。

Ronald W. Richardson. Family Ties That Bind: A Self-Help Guide to Change Through Family of Origin Therapy, 4th Edition.

Copyright © 1984, 1995, 2011 by International Self-Counsel Press Ltd.

Chinese (Simplified Characters only) Trade Paperback Copyright © 2018 by China Machine Press.

超越原生家庭（原书第 4 版）

出版发行：机械工业出版社（北京市西城区百万庄大街 22 号 邮政编码：100037）
责任编辑：朱婧琬
责任校对：李秋荣
印　　刷：北京捷迅佳彩印刷有限公司
版　　次：2024 年 1 月第 1 版第 15 次印刷
开　　本：147mm×210mm 1/32
印　　张：7.75
书　　号：ISBN 978-7-111-58733-0
定　　价：59.00 元

客服电话：(010) 88361066 68326294

读 者 须 知

　　本书中包含的案例全都来自本人客户的真实生活经历。但是在每个案例中，为了保护客户的隐私，我特意修改了一些个人的突出特征，防止别人发现他们的真实身份。有时候，我会把两个或者两个以上客户身上发生的事件融合为一个事例，以求更加清晰、有效地展示本理论。

致谢

在《纽约客》杂志的一幅漫画中，一位端坐在办公桌前的出版商对一个有些吃惊的作者说道："哦，这挺不错的。但是现代人写书也不全靠自己了。"这幅画反映出了我写本书过程中的体会。

我是从乔治城大学的莫瑞·鲍文（Murray Bowen）博士的著作中学到了家庭内部运作机制的基本理念。鲍文博士是原生家庭心理疗法最早的先行者之一。本书大部分内容都是基于鲍文博士在原生家庭方面的研究和实践工作，他的研究始于 20 世纪 50 年代早期。我所做的只是把他的理论用通俗易懂的语言表达出来而已。我从不列颠哥伦比亚大学的大卫·弗里曼（David Freeman）博士那里学会了如何把这些理论应用到自己的生活和心理治疗过程中。弗里曼博士是一位非常有能力的导师，对我也很关怀。他帮助我彻底理清了原生家庭理论中各种理念的意义和用途。

此外，如果没有我妻子露易丝的帮助，此书也不会面世。她是一名专业的编辑和作家。是她首先建议我为非专业人士写一本通俗易懂的原生家庭心理疗法方面的书籍。当我完成本书的初稿之后，她又对其进行了修改和重组，让内容变得更加浅显易读。虽然有时候我会不同意她的修改，但最终我还是对她充满了感激。

当然，我还必须感谢自己原生家庭的各位成员：我的母亲——她为我树立了一个充满慈爱与支持的榜样；我的父亲——虽然我不知道他是谁；我的姨妈和姨父、表兄弟姐妹、外祖父母，以及曾外祖父母等。这些人从小就认识我、了解我。我长大之后，也试图更加深入地了解他们。

目录

第 1 章

简　介

原生家庭对家里子女的影响越深刻，子女长大之后就越倾向于按照幼年时小小的世界观来观察和感受成年人的大世界。

——卡尔·古斯塔夫·荣格

对每个人来说，原生家庭（即我们出生和成长的家庭）中的生活经历对我们的一生往往具有极大的影响。这种经历的影响和作用并非仅限于我们的童年时期。我们对自己的认识，对待他人的方式，以及我们的整个世界观，都是由原生家庭的环境塑造的。在原生家庭中习得的各种观念也会伴随我们一生。

在人生中的某个时间，我们大多数人都会离开自己的原生家庭，但我们在心理上很少能够摆脱原生家庭的影响。即使你跟原生家庭远隔重洋，或者离开之后再也没有返回过，但是你在自己建立的新家庭中，仍然会重复原生家庭的各种机制和规则。当然，某些具体内容和细节也许会有差异。

例如，你会做很多父母曾经做过的事情，虽然你总是发誓自己绝对不会这么做。毫无疑问，你的父母曾经也发过这样的誓。这种传统可以一直追溯到远古的穴居人，也许他们也曾发誓再也不像他们的猿人祖先那样生活。有时候，这种希望与先辈不同的愿望会产生有趣的结果。

┊示例┊

安妮特离婚了，还带着 3 个孩子。孩子的年龄分别是 9 岁、12 岁和 14 岁。她常常抱怨父母从来没有支持过她所做的事情，也不喜欢她的所作所为。于是，她给自己定了个规矩：一定要经常表扬孩子，让孩子知道自己多么喜欢他们。但令她十分吃惊的是，最大的孩子有一天对她说："妈妈，我觉得你有点儿问题，你总是夸我们有多好，但我们不相信，因为我们从来没有听你说过我们不好的地方。"

人生最困难的事情之一就是从心理和感情上摆脱早期原生家庭环境的影响，不再重复原生家庭中的一切，也不刻意去做与之截然相反的事情。

本书的目的是帮助读者找到应对自己原生家庭影响的新办法，即帮助读者学会完全不同的新途径，摆脱过去原生家庭遗留的问题，从而让读者在自己的新家庭中过得更加幸福快乐。如果你在合适的框架（这个框架就是你原生家庭的环境）中审视自己过去遗留的问题，那么你现在和未来的生活也许会变得更加积极向上。这样一来，你就可以掌控自己的生活，即使遇到不顺心的事情，也不会感到太多的挫败感，从而可以更好地创造自己理想的生活。

请回忆一下你给父母打电话，或者回家看望父母时的情景。在这种情况下，你的感受和言行举止是否与过去在原生家庭中生活时很相似呢？回到原生家庭之后多久，你就会产生与过去相似的感觉？5分钟？1个小时？还是2天？当家里的局面变得紧张时，你会如何？如果回到原生家庭3天之后，你的行为和感受才会变得跟13岁左右相似，那么你很有可能并不需要读这本书。但是大多数成年人，一旦回到自己的原生家庭中，又会变得像以前在原生家庭中的生活状态一样，虽然他们的内心并不希望自己这么做。有些人仅仅是为了和平地融入原生家庭的氛围。他们会压抑自己的感情，按照父母的吩咐行事，不希望把事情搞砸。

还有一些人的所作所为故意与父母的期望相反。他们永远是叛逆者。

有些人希望证明父母是不称职的，并且希望他们能够改进。还有很多人希望跟原生家庭划清界限。他们成年之后，往往在感情上跟原生家庭比较疏远，很少返回原生家庭，也很少和原生家庭的成员联系。

所有这些关系模式都证明：原生家庭对我们的生活有很大的影响力。但我们大多数人都没有学会如何与原生家庭的成员保持亲密联系，同时又在心理和感情上保持独立的自我。即使在最客观和清醒的时刻，我们的所作所为也总是和原生家庭的影响有着千丝万缕的联系，而并非总是采取对我们自己有利的最佳行动方式。但是，除非我们能够成为一个独立的成年个体，免受原生家庭的干扰，否则很难在跟别人建立亲密关系的同时，仍然保持独立的自我。

人们离开原生家庭之后，大多建立起了一些新的亲密关系。这些"新的亲密关系"主要包括：婚姻关系（合法婚姻关系、实际婚姻关系、同性婚姻关系、异性婚姻关系）、父母与子女的关系、工作中的同事关系，以及朋友之间的友谊等。一个成年人的生活是否幸福美满，很大程度上取决于他会不会处理原生家庭的各种影响。

　　解决这个问题的方法之一是开展原生家庭领域的心理工作。这项工作的目的是改变人们在原生家庭中的生活，并进一步地改善人们目前的各种人际关系。

　　我们在生活中都要应对原生家庭的影响，这对于所有人来说都是无法选择的。即使忽视原生家庭的影响，这也只是应对的手段之一罢了。你无法摆脱自己过去的经历，不能否认其重要意义，也不能将其遗忘。早年的生活经历注定要在你现在的生活中重复出现，只不过其中的人物和场景不同罢了。

　　原生家庭方面的心理学研究和治疗工作可以改变这种令人沮丧的模式。有些人向咨询师求助，也有些人去找原生家庭领域的心理治疗师。但是，你也可以对自己进行原生家庭方面的心理疏导。实际上，在心理治疗师承认这种疗法的功效之前，人们就一直在使用着这种方法。如果你想成为一个心理上成熟的成年人，自然需要重新评估自己与原生家庭的关系，并且做出相应的调整。

　　开展原生家庭领域的工作需要理解家庭运作的内部机制。本书第 2 章～第 7 章将会介绍这方面的内容，从而有助于读者理解。这几章主要探讨了家庭内部运行的几个具体机制，你可以借助这部分内容来分析自己原生家庭的情况。这些章节里包含了很多问题和练习，可以供读者思考和练习。你不必专门坐下来写每个问题的答案，但只要仔细阅读每个问题，并且在脑子里认真思考，就会从中受益。在做书中的练习时，请选择那些对你有意义，并且不会让你感到内心不安的题目。

了解相关的心理学概念，知道家庭运行的内部机制，这只是原生家庭心理学领域研究和工作的最初步骤。本书的目的不仅仅只是让读者深入了解自己的原生家庭，还要让读者对原生家庭的认识产生实际的作用和效果。为了达到这个目的，读者必须改变自己的行为模式，并改变自己在原生家庭中的生活方式。本书第8章提供了具体操作的指导。但是读者必须注意：千万不能略过前面的7个章节，直接跳到第8章。如果不事先了解一些原生家庭方面的理论，你将很难理解后面的实际操作。因此，请耐心一点，千万不要急于求成。一旦读完了本书中包含的所有理论，你就会发现其实这些理论和方法实行起来非常简单。

有些人和原生家庭断绝联系很久了，但他们也可以采用原生家庭心理治疗法。过去断掉的关系可以恢复；即使父母已经去世，你也可以联系亲戚朋友，向他们询问你童年时家庭生活的环境。

任何年龄阶段的人都可以用这个方法来改变自我，但至少将近30岁，以及30岁以上的读者使用起来会更加便利。这是因为20岁刚出头的年轻人仍然面临着离开原生家庭、独立生活的实际问题，很少关注心理上与原生家庭分离的事情。但是不管年龄有多大，你都会发现：独自应对原生家庭的影响是十分困难的。如果你能得到别人的帮助，那么问题也许会变得简单一些。如果你有幸认识一位熟悉原生家庭疗法的心理治疗师，你完全可以借助于他为你提供的心理治疗服务。因为原生家庭心理疗法的开展完全依赖你自身的行动，所以此类的心理治疗师常常把自己称为"教练"或"导师"。其实，任何愿意听你倾诉，并且可以适时向你提出恰当问题的人，都可以提供给你所需要的帮助，从而成为你的"教练"或"导师"。有时候，一群朋友也可以定期举行聚会，相互之间提供这种服务和帮助。

恋人或配偶并不适合担任你的"教练"和"导师"，因为他（她）很难在家庭事务中保持不偏不倚。如果你让配偶参与，那只能让事情变得更加复杂。你的"教练"或"导师"必须向你提出很多问题，并且帮助你以完全不同的眼光审视自己的家庭。而你的配偶往往会直接告诉你去思考什么东西——虽然有时候他（她）也是出于好心。

如果帮你开展心理疏导的"教练"或"导师"（也许是你的配偶，或是心理治疗师等人）认为你现在的问题全是由父母造成的，那么最终你会认为自己对原生家庭的愤恨等不良情绪都是理所应当的，因为原生家庭伤害了你。但是，与之相反，原生家庭心理疗法的正确观点应该是：你必须改变自己，而改变自己的前提是换一种新的眼光看待原生家庭。

请务必注意的是：那些有严重心理疾病的人、原生家庭内部存在严重情感纠纷的人，以及曾经遭受过性侵的人，必须在专业人士的帮助下，才能接受原生家庭方面的心理治疗和疏导。但是，大部分只有一般心理问题的普通人，并不需要第三方的专门协助。

无论如何，在你读本书的过程中，还需要记住以下两点重要内容。

（1）请把关注的重点放在自己身上。没有任何人能够让你发生改变，你也改变不了别人，只能靠自己改变自己。所以不必劳心费力地去试图改变他人。（当然，也许在你改善自己的过程中，其他家庭成员也会逐渐改善他们自己。但这只是你改变自己过程的一个副作用，并不是你的目标。）

（2）你必须有充足的积极性和动力。你真的想改变自己的现状吗？做原生家庭领域的工作是很困难的，而且并不适合每个人。它并不是一个简便易学的方法，需要你投入大量的时间和精力，需要你进行大量的思考。但是，对于那些在原生家庭方面遇到困扰的人来说，其回报也很丰厚。

下面这个关于苏与其家庭的故事可以充分说明原生家庭疗法的效果。

╎ 示例 ╎

苏有 6 年没回过家了。她不想回到自己的原生家庭，但她这次感到应该回去了，因为 5 个弟妹告诉她：父母因为她从不回家而感到非常伤心。

苏 19 岁就离开了家。她在青春期时跟父母冲突不断。父母喜欢嘲笑她那"激进"的政治观点，而苏认为父亲身上存在着很大的问题，也没有尽到做父亲的责任。父亲要求苏放弃她那"新潮"的观点，做一个中规中矩的"女人"，像母亲一样屈服于他的权威。父亲还常常喜欢在家里动用武力，来维持家庭的"秩序"。苏是家里唯一一个敢于公开挑战父亲权威的人。她拒绝接受父亲的控制。

最后一次与父母爆发冲突之后，苏宣布要离家出走。她还记得当时自己一个人拖着行李走出家门时的情景。父亲在客厅看着报纸，只是稍微抬起头，跟她说了声再见。母亲在厨房里哭泣，害怕再跟她发生矛盾，不敢到门口送她。

此后，她也给家里打过几次电话，寄过几张贺卡，但是除此之外就没怎么联系了。她知道父母在等着她的消息，想知道她是否发生了改变。但是，苏也明白：自从离开家之后，她没做过几件让父母满意的事。她在大学混了三年，因为她不知道除了上大学还能干什么。她和男朋友史蒂夫同居了。当时史蒂夫还是个艺术系的学生。史蒂夫毕业之后，去欧洲旅行了一年。等他回来，苏就跟他结了婚，但双方都对这段婚姻不满意。其实，史蒂夫去欧洲旅行就是为了二人分开一段时间，因为他们当时争吵得太厉害了。现在，苏在一家吸毒儿童教养院做着一份工资很低的临时兼职工作。史蒂夫偶尔会做一些商业绘画，但大部分时间都在从事自己的绘画艺术实验。

　　苏回到家后，妹妹在晚餐时询问她工作的情况。于是，家庭谈话就转到了青少年成长和吸毒的问题。母亲试图转移话题，但没有成功。在青少年成长问题上，苏跟妹妹意见一致。她认为青少年之所以误入歧途，主要是因为父母关心不够，或太过专制；学校教育制度存在缺陷；以及社会腐败等。

　　父亲想要努力克制自己，但最后还是忍不住说："见鬼去吧！你一点儿都没变！还是满嘴胡言乱语。你和你那废物老公都在浪费生命，躲避社会。你还没长大吗？"

　　苏曾想避免这种局面，现在却不愿放弃反击父亲的机会。于是，她拿出了多年积累的尖刻讽刺，再加上这6年以来搜集到的"证据"，开始反驳父亲的说法。争吵的结局是父亲走了出去，母亲躲进了厨房，而其他人则一声不响地悄悄离开了，只剩下苏一个人孤零零地坐在餐桌旁。于是，她决定搭乘明天最早的班机离开。

　　4年之后，苏再次回到了自己的原生家庭。她曾经想过再也不会回来了，但这时又改变了主意。实际上，在前2年里，她也曾经回家小住过3次，但这次她回家的感受和以往大不相同。

　　4年前的归家之旅不欢而散后，苏的婚姻状况很快恶化了。她和史蒂夫甚至准备要离婚，但他们最后还是决定先找心理治疗师做一下婚姻关系方面的协调和咨询。他们和治疗师聊了聊自己的婚姻状况，然后突然意识到：夫妻二人的冲突和矛盾大多与各自的家庭背景，以及与早期家庭环境中培养出来的敏感性有关。他们的婚姻之所以失败，是因为夫妻双方都试图在婚姻关系中解决他们各自原生家庭遗留下来的问题。

然后，心理治疗师又问他们是否了解父母的性格和为人——不仅是作为父母的性格和为人，而且是作为一个人的综合品质。治疗师还问他们是否了解父母的家庭背景、父母的童年时代，以及父母的父母。

心理治疗师鼓励他们从原生家庭的其他成员那里寻求答案。他们先是犹豫了一阵，不过很快就开始给各自的父母、兄弟、姐妹、叔叔、婶婶、阿姨、姑妈、外公外婆、爷爷奶奶写信和打电话，询问家族过去的历史。各种信息慢慢汇聚在一起，形成了一幅完整的画面。

在这个过程中，苏和史蒂夫的关系也逐渐开始发生变化。当他们因为某事发生分歧时，不再像以前那样相互攻击。夫妻关系中少了很多抱怨、指责和冷漠。他们之间仍然会爆发冲突，但他们学会了换位思考，并且愿意把问题清楚地讲出来，而不像以往那样激烈对抗。

不仅如此，他们二人在工作中都找到了各自的方向，在生活中也开始感到更加幸福。夫妻双方都由衷感到：自己终于变得成熟了。

苏对原生家庭的体验也变得更加愉悦。她开始欣赏自己的家人，不再对自己的原生家庭感到羞耻和愤恨。她变得更加愿意接受父母为她所做的一切。更重要的是，她开始更加全面地认识父母，把他们当作可以犯错的普通人。

　　第四次回家时，苏的感受跟第一次截然不同。从表面上看，似乎一切都没什么变化。父亲去机场接她，一路无话。母亲仍然一直在厨房忙活。苏的反应却不同。她把自己的生活经历告诉了父亲，希望父亲可以了解她。她也不再对母亲的消极感到愤慨。当父亲跟她观点不同，对她恶语相向时，她不再怒火中烧。她能够坚持自己的观点，也没有像过去那样怒不可遏地对父亲展开反击。他们谁也没有因为生气夺门而去，反而承认相互之间要"求同存异"。有时候，苏甚至想对父亲说："我爱你。"但是，她觉得父母也许接受不了这样亲密的程度——至少现在还接受不了。

　　苏和她的家人之间并没有发生什么奇特的事情。你也可以改变自己与原生家庭成员之间的关系。常回家看看可以帮你在心理上从原生家庭独立出来，让你在情感上成熟起来。如果你在原生家庭中的不同环境下都能保持自我，那么你将在任何环境中都有保持自我的能力。这样一来，你就能以更加灵活、更加恰当的方式处理现在人际关系中遇到的各种问题。

第 2 章

家庭是奇怪的生物

从某种意义上来说，家庭就像是一台构造非常简单的机器，因为它是由几个最基本的"齿轮"组成的。但是，它似乎又包含了说不尽的内容：这些"齿轮"是由数不清的各种"弹簧"驱动的，按照许多奇特的原则相互发生作用。这样一来，虽然家庭这台"机器"构造非常简单，但它可以跟那些极为复杂的机器相媲美。其内部还包含着各种奇特的运动，就像荷兰丝厂的内部结构一样复杂。

——劳伦斯·斯特恩，《项狄传》，1762

髋骨与股骨的结合：家庭关系运行的原理

　　家庭并不是一群"各行其是"的个人的集合体，苏吃了点儿苦头才认识到这一点。一个家庭并不仅仅是所有家庭成员的简单相加，正如我们的手并不是五个手指加一个手掌的简单组合。每个手指都会根据自身与其他部分的关联，形成自己独特的"个性"。失去一个手指，整个手的功能都会受到影响，再也不能像往常那样工作。剩下的手指就得适应这个变化，并掌握一些新的功能。

　　家庭关系也是如此，但它比手指之间的关系要复杂得多。每个家庭成员都会形成自己独特的个性，但这种个性不是凭空形成的。每个人个性的形成和发展与其他家庭成员的个性紧密相关，而家庭中其他成员个性的发展与变化也与他本人的个性有关。无论是跟你同住一所房子的母亲，还是30年前就跑到澳大利亚去的伯祖父亨利，家中每个成员都会以某种方式影响着家里的其他成员。在一个家庭中，没有什么事情是孤立发生的。一旦家中有人生病，其他成员都会因此受到影响，并且做出相应的调整。生病的家庭成员也要做出一定改变，以适应其他成员的变化，而这又会在家庭中引起进一步的变化。这样的连锁反应会不停地持续下去，就像一件类似风铃的悬吊饰品，被风吹来吹去。每次特定的部位都会增加或者减少一定的重量，趋向或远离整体的重心。所有部分都会失去平衡，直到发生改变的那个部分回到自己原来的位置，或者其他部分做出相应的自我调整。

当一个家庭成员陷入法律纠纷、学业上有所成就、在职场上得到提升、生儿育女或生病住院时，其余成员都要进行一定的平衡性"抵偿"。无论家中最初发生的变化是好是坏，这种"抵偿"现象都会发生。因为这种变化会造成家庭内部关系的失衡，从而迫使其他成员必须尽快做出调整，以恢复和重建平衡状态。

每个家庭成员在家庭内部制造平衡与不平衡的方式都会影响所有成员的整体健康状况与幸福指数。

┊示例┊

康斯薇拉是一名成年人，曾经跟自己的母亲非常亲近。她们二人过去每天都要互通电话或见面。后来母亲去世了，康斯薇拉试图通过跟 13 岁的女儿玛利亚建立更加亲密的关系，来调整自己失衡的人生。这在许多方面都影响到了整个家庭。首先，康斯薇拉跟丈夫之间的关系变得更加冷漠，丈夫则妒忌妻子与玛利亚之间的亲密。玛利亚跟 11 岁的妹妹变得疏远，而她的妹妹也嫉妒妈妈和玛利亚之间的亲近。在这个阶段，玛利亚本应把人际交往的重心从家庭内部转移到朋友之间，但是她无法割舍与母亲的密切联系。她很恼恨母亲对自己的依恋，却又为此感到深深的惭愧，所以她从来没有表露出来，甚至自己也没能清楚地意识到这一点。结果她常常因为琐事而烦恼，而且时常胃疼，医生却查不出什么毛病。于是，丈夫带全家去看心理治疗师。在治疗师那里，大家可以对家庭关系失衡的问题畅所欲言。

(问)(题)

1. 最近 20 年间，你们家里发生了什么重大变化？例如出生、死亡、婚嫁、家庭成员离开或地位变化等。
2. 家庭成员对这些变化如何做出反应？
3. 你和兄弟姐妹们是如何参与到这些变化之中的？

　　我们最初出生的家庭中会发生各种"平衡"与"失衡"的事件，这些事件会影响我们的一生。就算我们过了青春期之后再也没有与原来的家庭成员接触过，往往也是如此。除了生理上的本能冲动之外，这是对我们最有影响的力量。谁也无法逃脱。

　　在康斯薇拉的案例中，母亲的去世对整个家庭造成了多方面的影响，这是他们以前无论如何也没有预想到的。

　　你可以尝试一下这个实验，看看你的家庭关系是如何维持平衡的。

> **你的家庭关系**
>
> 有人早上离家时常常跟妻子吻别，有人常常打电话问

候上班的丈夫，还有人每天会在孩子放学后询问他在学校里做了什么。这些都是人们常常对亲近的家庭成员做的事情，几乎成了一种惯例。在此实验中，请改变这种惯例性的行为，或者两周内不再这样做。

1. 当你想到要改变类似行为的时候，你会有什么感觉？当你真的改变这种行为时，你会产生什么感受？

2. 跟你关系亲近的家庭成员会有何反应？如果没有什么明显的反应，那么他是否发生了一些变化？你对于他的变化有何反应？

当一对夫妻结婚之后，我们往往倾向于认为他们的婚姻是一种独立的关系。他们生活在一起时所产生的各种幸福快乐和不幸的问题似乎完全是由他们二人的个性造成的，似乎这一切全都取决于他们二人，正如以下图表中所示的丈夫"乔"与妻子"萨拉"之间的关系。

乔　　　　　　　　　　　　　　萨拉

但是在现实中，实际情况却往往非常复杂。任何婚姻都是处于动态平衡中的两个家庭的结合。虽然这看起来一点儿也不浪漫，但是乔和萨拉之间的关系实际上就是这样的。

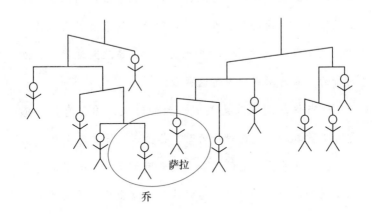

　　乔和萨拉现在的个性都是由他们过去的家庭经历形成的。他们各自家庭中所发生过的事情，以及家庭应对内部"不平衡"现象的方式，都会对他们二人造成极大的影响。甚至他们彼此之间的看法和评价往往也会受到各自家庭背景的影响；他们的自我期望和相互期望也都来源于各自的家庭经历。因此，乔和萨拉的婚姻并不仅仅是他们两个人的结合，而且是他们两个家庭的相互碰撞与磨合。

　　家庭背景对乔和萨拉婚姻关系的影响可以在他们金钱观的分歧上体现出来。"乔总是大手大脚，"萨拉抱怨道，"钱到他兜儿里根本留不住。"萨拉则想把更多的钱存进储蓄账户里。"萨拉手太紧了，根本不懂得花钱享受。"乔说道，"有了钱却不能用来享受生活，那还有什么意思？"

　　无论是倾向于储蓄还是想要挥霍，乔和萨拉对待金钱的不同态度都是由他们各自原来的家庭生活经历决定的。他们的金钱观也许跟其父母相同，也许完全相反，但无论如何，他们对待金钱的态度都受到了其父母金钱观的影响。萨拉的父母艰难地熬过了"大萧条"时代，所以特别强调储蓄的必要性，而萨拉也认同他们的观点。乔的父母也这样教育过他，还曾经严格限制他的开销，以至于无论乔花钱多么节俭，父母都会认为他在经济上非常不负责任。现在，当萨拉重提旧事时，乔又想起了他跟父母之间曾经发生过的关于金钱的争执。于是，乔对待萨拉的态度就跟当年他对父母的态度一样了。乔对萨拉金钱观的看法受到了其过去家庭经历的影响，而萨拉也同样如此。

(问题)

1. 现在，你与亲密伴侣之间是否存在一些让你感到烦恼的冲突？

2. 对于这些冲突，你会做出自己的反应。你所做出的反应和行动是否可以追溯到你最初的家庭经历或家庭矛盾？例如，你跟朋友或配偶在一起时会感到哪些令人不快的情绪？在你原来的家庭中，谁会让你产生类似的情绪？过去和现在两种情况之间有何相似之处？你处理这些情况时，在感情上有何相似之处？

必须服从：家庭中的各种规则

　　每个家庭、每种关系都有其内在的规则。所谓"规则"，就是在各种背景和环境中，规定人们应该如何开展行动的一系列预设和期望。这些"规则"说明了哪些行为是可以被允许的，而哪些是不可允许的，也说明了当规则被遵守或者被违背之后会产生何种后果。

　　规则可以分为两种：一种是可以明白讲出来的"显规则"，另外一种则是隐含的"潜规则"。每个家庭都会产生这两种规则，而且数量众多，各不相同。可以明白说出来的"显规则"比较简单。它们常常包括"不要打断别人的讲话""有话就说""不要把音乐声音开得太大"等。家庭中的每个成员都知道这些规则，他们可以公开谈论这些规矩，甚至可以对这些规则进行争辩和修改。

　　那些隐含的"潜规则"就完全不同了。也许家庭成员都能理解，甚至默认这些规则，但这些规则是不能公开承认或讨论的。一旦有人把这些"潜规则"公开提出来，即使它最坚定的拥护者也都会予以否认。例如一些家庭中有这样一条"潜规则"：家庭成员不能发怒，但可以抑郁。没人想把这条"潜规则"原原本本地公开表述出来，但这条规则就在那里：当家庭中有什么事让你不顺心时，你不能发怒，但可以让自己感到压抑。

　　在另外一些家庭中，"恐惧"的情绪是不允许表露出来的，或者只有女性才能表达自己的"恐惧"之情。这样一来，"潜规则"就变成这样：当这个家庭中的男性感到害怕的时候，他们必须否认自己的"恐惧"情绪，然后用"愤怒"代替"恐惧"，乃至在盛怒之下采取一些行动。

　　在一些家庭中，家庭成员不能表露出"悲伤"的情绪。这些家庭的"潜规则"是：必须保持永远快乐，时时嘴角上扬。因此家中的孩子哭泣时，大人会说："要看到事情总有好的一面！"或者说："别像小孩子那样爱哭鼻子！"这就是家庭"潜规则"的具体体现。

潜规则

有些家庭禁止内部争吵。各位成员之间必须保持亲爱和睦。这个"潜规则"的具体表现就是：家庭成员生气的时候必须出去冷静一下，然后带着微笑回来。相反，在另外一些家庭中，"矛盾"是家庭成员之间相互沟通的唯一方式。这里的"潜规则"是：争吵也比冷漠无情好，家庭成员之间的相互关爱可以在"矛盾"之中体现出来。

(问)(题)

1. 在你的家庭中，有哪些可以公开讨论的、大家都承认的"显规则"？
2. 在你的家庭中，有哪些关于感情的、不能说出来的"潜规则"？

在上述乔和萨拉关于金钱问题的争执中，他们二人对待金钱的不同态度仅仅是问题的一个方面。除此之外，二人从各自的原生家庭中学到了处理矛盾的不同方式。

当萨拉知道乔不想存钱的时候，她变得更加不快、更加情绪化。她感到自己十分生气，而且受到了伤害。因此，她对乔说："你从来不关心我们的未来！"这让乔也很难受，因为他在原生家庭中从来没有遇到过这样的情况，所以感到很难接受。于是，乔就变得很紧张。他想让萨拉平静下来，就对她说："等你平静下来我们再谈吧！"当这样做不管用的时候，乔会拒绝跟萨拉交谈。他对萨拉说:"你现在很不理智,等你恢复理智了我们再谈吧。"萨拉以为乔是要她改变主意,否则就不跟她说话。她认为乔的态度很傲慢,而且不愿意跟她共同商量解决问题,这让她更加恼怒。于是萨拉开始喜欢摔东西,常常乱扔家里的各种物品。

在乔的原生家庭中,人们并不是通过激烈的争吵来解决争端的。家里发生矛盾时,乔的家人只会稍微进行一下对抗,然后回到各自的角落里调整心态,最后笑着回到大家庭中来。然后,这个引起争端的问题就不会再被人提起了,而且家里也很少会就此问题做出什么共同决定。相反,在萨拉的原生家庭里,当矛盾出现时,大家会立即展开争论。争吵过后,一切都会过去,家庭成员之间的关系仍然会很友好。通常情况下,等这一切都结束了,全家人会一起做出一个结论或决定。

这种情况使乔和萨拉夫妻二人在解决家庭矛盾方式的问题上存在极大分歧。他们二人从各自原生家庭中学到的生活方式发生了剧烈的碰撞。乔认为萨拉"不按规矩出牌"。他认为:"如果她是爱我的,就不该对我大喊大叫。她应该更体贴一点儿。爱情可不是整天争吵和生气。"

但是萨拉心里这么说:"如果他真的爱我,就应该关注我关心的问题,而不应该对我不理不睬,更不能对我进行压制。他应该更体贴些。爱就是让伴侣知道你的感受,就算是争吵也无所谓。"

　　夫妻二人都认为自己在爱着对方，对方却不爱自己。他们也都认为自己处理家庭矛盾的方式是正确的，对方却犯了错。他们二人还都认为对方"破坏了规矩"。他们认为彼此对爱情的看法是一致的，而对方在故意破坏婚姻感情。这个简单的例子可以说明当原生家庭中的"潜规则"悄悄控制了人们的行为时会发生什么事情，而且没人会发现这到底是怎么回事。

　　这些规则的基本目的是调整家庭成员之间的关系，并协调他们交往的方式。如果家庭成员都遵守这些规则的话，家庭关系就会保持平衡。每一个新加入家庭的人都要学会这些规则。家中的孩子一般会通过两种方式学会这些规则：一种是当他们破坏规则之后，会产生焦虑感；另外一种是当他们破坏规则之后，会感受到父母的焦虑。

问题

1. 在你的家庭中，当家庭成员之间产生分歧和冲突时，有哪些"显规则"和"潜规则"可以应对？

2. 不同人群和不同性别的人处理家庭矛盾的规则有没有差异？年龄是否会影响此类规则？

3. 在当前的家庭关系中，你是否一直使用同样的规则来处理家庭中的分歧和冲突？你是否改变过这些规则？你现在使用的规则是不是跟你原生家庭中的"老规则"完全相反？你现在使用的规则真的是"全新"的吗？

4. 在你伴侣的原生家庭中，处理家庭矛盾的规则是怎样的？伴侣原生家庭的规则是如何与你的规则发生冲突的？

　　焦虑是一种不良情绪。从根本上来说，它是对未知事物的一种恐惧。相比对特定事物的恐惧而言，焦虑对人们的影响更坏。焦虑会让人感到虚弱无力、容易受到伤害等。大多数人，尤其是儿童，都会竭尽全力避免焦虑的情绪。因此，我们大家都学会了用某种特定的方式来躲避焦虑，虽然有时这么做会让我们产生其他一些不好的情绪。例如有时候我们宁可选择抑郁或偏执，也不愿忍受焦虑的痛苦。能够让你感到焦虑的人往往是处于控制地位的人。在跟孩子打交道的过程中，父母很早就可以发现这一点。孩子破坏家庭规则（无论是潜规则还是显规则）之后，父母也许会体罚孩子，但通常最为有效的一种惩罚是对孩子置之不理（或威胁要遗弃孩子）。人们在年幼时常常都会因此而产生一种"被遗弃的恐惧感"。当父母威胁要遗弃孩子时，孩子就会产生焦虑，为了摆脱这种焦虑，只能做出相应的改变。一个简单的例子可以说明这一点：一位父亲告诉两岁的儿子时间不早了，应该离开公园了，儿子却说"不"，根本不愿意动身。父亲本来可以把孩子抱起来强行带走，但他使用了心理战术。他逐渐走开，还对儿子说："好吧，你留在这儿，我要走了。"父亲走了几步之后，小孩儿也跟了上来。

　　在其他情况下，家长还会利用这种"遗弃的威胁"来影响孩子的性格。因为年幼的孩子往往非常依赖父母，很难离开父母而独立生活，所以他们宁可压抑自己性格中不讨大人喜欢的一面，也不愿意忍受焦虑的痛苦。实际上，孩子们心中常常想："我一个人不行，我需要父母，所以我不能惹他们生气，不能让他们把我扔掉。"这样一来，我们就从小学会了：显露出自己的真实性情常常是一件很危险的事情。

　　即使父母没有对破坏家庭规则的孩子实施身体或者心理上的惩罚，孩子也会因为父母的焦虑而认识到这种规则的存在。年幼的孩子为了在家庭中更好地生存下去，必须对父母的焦虑非常敏感。小孩子往往非常关注父母在不在身边。同样，他们也逐渐学会了辨识父母的情绪。当父母心情不快时，无论是否明白地说出来，小孩子都能感觉到。通常情况下，孩子们会认为是自己让父母产生了焦虑。（当然，有时候的确是他们让父母感到焦虑。）如果孩子的某种特定行为让父母感到不快，小孩往往自己也会感到难过。如果这种事情经常发生，那么孩子就很有可能从此以后不再做出那种行为。

问题

1. 你的家庭中，当"潜规则"被打破，家庭成员产生焦虑时，会发生什么事情？谁会站出来反对？谁会指责破坏规则的行为？谁会为此而感到焦虑？例如，假设"发怒"在你家里是

不允许的，如果某个家庭成员在家中公然发怒，会发生什么
事情？你的家庭是如何控制这种情绪的？

2. 你的家庭中，如果有人不遵守某项"显规则"时，会发生什
么事情？

3. 你自己现在正在遵守着哪些家庭规则？如果有人破坏这些规
则的话，你会怎么做？

第 3 章

你从来不跟我说话：家庭成员之间的亲密与疏远

《创世纪》里说："孤独和独处是不好的，但有些时候孤独却能给人带来很大的慰藉。"

——约翰·巴里摩尔

关系可以更近一些，但不要过分

我们每个人都是一方面需要"亲近感"（或称为"聚合感"），另外一方面也需要"距离感"（或称为"分离感"）。我们都需要一定的归属感和安全感，希望得到别人的支持、欣赏和爱；但同时也需要独立、自主、自由和自决权。

这两种截然相反、相互对立的需求贯穿我们整个一生，随着我们生活环境和人生阶段的不同而变化。

当我们还是婴儿时，我们完全依赖于父母，时刻离不开父母的关爱。大约在两岁左右，我们开始尝试跟父母分开，但是又不敢离父母太远，只能时时让父母处于我们的视线之内；如果父母离开一段时间，或者我们找不到父母时，就会感到焦虑。随着慢慢长大，我们越来越坚信：只要我们需要，父母就会出现在我们身边，所以我们可以跟父母分离的时间也越来越长。

到了青春期，我们终于开始要求与父母彻底分离。虽然有时在很多方面仍然依赖着父母，但我们认为自己已经能够独立生活。这种分离与依赖的两难困境常常让青春期的少年感到痛苦和迷茫。接着，我们成年之后不久，就真正离开了家庭，独自一个人踏上了人生的旅途。再过一段时间，我们就会遇到某人，跟这个人再来一段新的"亲密"与"距离"交替纠缠的新关系。

请做下面的练习，看一看你在人际关系中是如何与别人变得亲密或者疏远的。

你的感情关系

请画一个图表，列出你十岁时原生家庭中的成员，用圆形代表家庭中的女性，方形代表家庭中的男性。请列出当时原生家庭中的所有成员，也包括你自己。请根据你认为的当时感情关系上的亲疏程度来排列这些代表家庭成员的圆形和方形。也就是相互亲密者靠近一些，相互疏远者离远一些。下面是一个例子：

请按照上图的模式，再画出你3岁、6岁、14岁，以及18岁时的类似关系图表。你能否发现家庭成员之间的远近关系随着时间的推移而发生了一定的变化？你认为造成这些变化的原因究竟是什么？

然后，请你再画一个图表，来表示现在你与原生家庭成员的关系。

最后，请画一个你现在家庭成员的关系图表，来表示你和你现在的配偶、伙伴、子女之间的关系亲疏程度。如

果你现在还是单身，请画一个图表来表示你未来可能家庭
的关系。你能否发现这个图表跟你原生家庭关系的图表之
间存在着一些类似之处？

通常情况下，人们往往会被具有同样"亲疏需求"的人所
吸引。也就是说，如果你想要的人际关系距离跟某人想要的人
际关系距离类似时，你们就会相互吸引。在那些有可能成为伙
伴或伴侣的人群之中，我们常常可以找到跟我们具有同样"亲
密度舒适区"的人。但这并不意味着我们表达出来的需求是一
样的。那样的话就实在太容易了。通常情况下，双方关系往往
表现出的是一方想要亲近一些，另一方则试图疏远一点。甲对
乙说："我们再多聊聊吧！"乙却对甲说："别来烦我。"实际上，
双方都在试图维持人际关系的平衡，只不过一方扮演的是"追
逐者"的角色，另一方扮演的是"疏远者"的角色。如果其中
一方发生了转变，另外一方常常也会随之转变，这样才能维持
家庭关系机制的平衡。例如，如果"追逐者"开始疏远，原来
的"疏远者"则会变得焦虑起来，然后开始向"追逐者"靠近。

很多夫妻都曾经因为这个问题去过找婚姻关系咨询师。大
多数情况下，妻子会向咨询师抱怨丈夫冷漠，丈夫则嫌妻子太
"黏人"。但是如果妻子变得独立一些，不再那么依赖丈夫，丈
夫则会开始倾向于依赖妻子。也许丈夫并不承认这一点，但是

他会抱怨妻子很自私、不管孩子等。

在各种各样的人际关系中,人们大多数时候要么是"追逐者",要么是"疏远者",但是每个人都能够扮演好这两种角色。一般来说,在一段亲密的感情关系中,女性往往扮演着"追逐者"的角色,而在一段亲密的性关系中,男性则扮演着"追逐者"的角色。如果无法建立起比较亲密的关系,"追逐者"就会感到失望,因为"追逐者"是需要别人的人,他们的行为受到"遗弃威胁"的驱动。

相反,如果二人关系过于亲密,"疏远者"就会感到不悦,甚至会感到"窒息"。"疏远者"想要特立独行,总害怕自我被别人"吞没"。

在良好的人际关系中,关系双方应该可以根据不同的状况随时转换"追逐者"与"疏远者"的角色;双方都应该及时发现并表达自己对关系亲密或疏远的需要。

(问题)

1. 在你的原生家庭中,谁扮演着"追逐者"的角色?谁又是"疏远者"呢?

2. 你的母亲会在什么情况下扮演"追逐者"的角色?在什么情况下她会成为"疏远者"?你的父亲在什么情况下会扮演"追逐者"的角色?在什么情况下他会成为"疏远者"?你的兄弟姐妹又怎样呢?

3. 你是否跟其他家庭成员在感情上有时疏远、有时亲密？你能否进行"追逐者"和"疏远者"之间的角色转换？还是只能做一个角色？如果是那样的话，你会怎么做？

4. 如果你想要亲近一点儿或者疏远一些，谁会变得最为焦虑？如果你家里有人想要亲近或者疏远你，你又会怎么做？

5. 在目前的人际关系中，你扮演着什么角色？你的角色是随着交往对象发生变化，还是随着具体环境而发生变化？对于你的亲近或疏远，对方有何反应？

　　有些夫妻只要待在一起，就会因为"亲密"或"疏远"的问题而发生争执。一方不断要求更加"亲密"，另外一方却常常要求距离"疏远"一些，但是谁也没有意识到：他们双方都在尽力维持一定的"亲疏舒适度"。而这种"亲疏舒适度"是他们在各自原生家庭中塑造形成的。这样的夫妻也许最后会离婚，然后各自跟别人重新组建家庭。他们也许都会认为新伴侣跟以前的伴侣完全不同，正是他们真正想要的理想伴侣。但是，他们又毫无意外地选择了跟自己具有相同"亲疏舒适度"的人。于是同样的争执会重新上演，只不过内容不同，角色也许会发生变化。也许他们争执的东西会发生变化，从前的"追逐者"会变成现在的"疏远者"，但是在这段新的关系中，基本模式仍然不变。

　　人们可以改变自己的"亲疏舒适度"，可以在一定程度上选择比原来更亲密一些或更疏远一些的人际关系。但是即使在新的"亲疏舒适度"上，我们仍然会不断地进行"亲密"和"疏远"的调整，以达到人际关系的平衡。

表面现象是迷惑人的

有一个常常令人迷惑的现象与"亲密"和"疏远"的对立有关：大多数外表看起来很独立的人往往只是假装独立罢了。他们对亲密关系感到恐惧，于是利用距离和疏远来压制这种恐惧。他们也许迫切需要亲密感，但同时对亲密关系感到恐惧，最后只能选择用疏远来代替亲密。

有时表面上看起来并不需要亲密感的人会选择一个强调要"常常在一起"的人作为自己的伴侣。之所以选择这样一个伴侣，是因为这个伴侣代表了他自己内心关于"亲密"与"疏远"关系的另外一面。事实上，他们二人往往有同样的"亲疏舒适度"，但他们关系发展的过程注定不会是一帆风顺的，因为他们处理"亲密"与"疏远"需求的方式不同。他们会因为"亲密"与"疏远"的程度不断发生争执，就像有些情侣会因为取暖器的温度发生争吵。一方刚刚把温度调上去，另外一方就走过来，又把温度调了下来。双方都会因对方的行为而感到不满，但又共同把温度控制在一个恒定的范围之内，既不会那么高，也不会那么低。

　　这种现象的矛盾之处在于：即使那些公开宣称要和伴侣亲密无间的人，也往往难以处理好真正的亲密关系。真正的"亲密"意味着与不同于我们的人建立一种公开的、相互包容的关系。那些总是需要亲密感的人、时时想要和伴侣在一起的人，有时候很难接受跟他们不一样的人。他们总是难以进行自我独立思考，总是说"我们认为如何""我们感觉如何"，而不是"我认为如何"，或"我感觉如何"。他们总是坚持说："在我们想到自己之前，总是首先想到对方。"他们总是声称自己绝不自私自利，还为他人做出了奉献和牺牲。他们有着"爱"与"同情"的价值观，但是在具体操作过程中免不了对别人颐指气使，总喜欢对别人指手画脚。他们认为自己有责任让别人感到幸福和快乐。但是如果别人不高兴，他们就会问："我到底做错了什么？"当他们自己感到不快乐时，还会责怪别人。

　　喜欢利用距离感来保持人际关系平衡的人总是抱怨身边那些热切的追求者对自己还不够支持、不够关心、不够体贴，但是"疏远者"往往以沉默作为回应。他们甚至会选择直接退出和离开。他们会说"我不知道"，以避免与别人发生接触。

　　但是请记住：虽然"追逐者"和"疏远者"看起来具有很大的差异，但是他们对于亲密关系的基本需求是相同的。

　　请试着做一下这个练习，看看"亲密"与"疏远"的现象是如何影响你与他人关系的。

亲密与疏远

　　首先请确认一下，在人际交往中，你常常扮演"疏远者"还是"追逐者"的角色。然后选择一个与你同处于一段重要关系之中，角色却截然相反的人。在一周的时间内，你要试着扮演对方的角色，也就是说，你要做得跟平常完全相反。你还要努力把对方的角色演得比对方好。如果对方在这段关系中是"疏远者"，那么你要比他显得更加"疏远"。在这个过程中，请注意对方和你自己都有什么反应，发生了什么变化。

　　如果你和父亲、母亲，或者家庭中其他某个成员的亲疏角色模式总是一成不变的话，不妨试一试这个实验。如果原来固定的亲疏关系模式被打破了，你们双方会发生一些什么变化呢？

全世界的人都想要个妈妈

　　跟其他许多东西一样，我们对亲密感的需求也来自我们的原生家庭。大约在 6～9 岁时，我们开始认识到父母并不能提供给我们所需要的全部关爱、包容和安全感。随着逐渐长大，我们慢慢产生了一种幻想，幻想着将来会有一位理想的伴侣来填补我们心灵上的空虚。这种幻想在青春期达到顶峰。于是我们从少年时期就开始期待着"坠入爱河",体验真正的"亲密感"。那些从父母处得不到的东西,我们想要从伴侣身上得到。

我们的内心悄悄盼望着伴侣可以带来期待已久的灵与肉的完美结合。那些更富有幻想的人希望伴侣"具有我想要的一切",其余的人则认为可以把伴侣改造成自己想要的样子。

│示例│

朱迪思的父亲曾经因为情感和精神问题数次住院治疗。她的母亲也时常高度焦虑,根本没有能力照顾别人。作为三个孩子中年龄最大的一个,朱迪思幼年时就独自一人承担起了整个家庭的重任。因此,她总是梦想着有一天能够逃离这个家庭,过上正常的生活。

第二次婚姻失败之后,她开始向心理和婚姻咨询师寻求帮助,试图找到自身的问题所在。虽然长大之后成为一名能干又漂亮的女性,但是她成年之后的人生却跟自己原来期望的大相径庭。

她在咨询和治疗中发现:她总是期望丈夫可以给她带来良好的自我感觉,而这正是她从父母那里没有得到过的东西。因此,她在感情上是"追逐者"。但正是因为她从来没有体验过真正的亲密感,所以即使丈夫对她很好时,她也会感到害怕和不安。她会选择那些亲疏舒适度与她原生家庭相同的男性，所以他们提供不了她想要而又害怕的真实感情。当她和那些可以给她带来真正温暖和感情的男士交往时，却会不断疏远，甚至断绝关系。

如果人们幼年时缺乏必要的关爱和指导，长大后就容易产生强烈的幻想，幻想将来会有一个"特殊的人"给自己带来美好的生活。他们真正爱上的是这个想象中的伴侣为自己带来的感觉。当现实与想象不符时，他们就会愤怒、沮丧、失望，甚至感到备受伤害。然后，他们就会绞尽脑汁去思考如何从对方那里得到自己想要的感情。

当人们得不到自己想要的东西时，往往会认为是某人的责任。如果他们埋怨自己、认为自己错了的话，就会尽力迎合对方的喜好，以取得对方的赞许和热爱。他们这是舍弃自我，以获得自己想要的东西。

如果他们认定是对方的错，就会想尽各种办法来改变对方。这些方法包罗万象，也许是奉承吹捧，也许是批评，甚至可能是肉体上的攻击。

示例

莱拉是三姐妹中最大的一个。她的童年很不平静，搬过很多次家，还曾经多次离开父母，跟亲戚一起生活。她的父母经常打架，所以她认为自己结婚之后，一定要有一个稳定、快乐的家庭。她学会了很多生存技能和生活技巧，认为这些技能可以帮助自己实现梦想。但是她最终嫁给了汉克，他是一个性情孤僻的独生子。汉克的家庭理念跟她完全不同。他很不合群，不爱养育子女，也不喜欢家庭生活。他只是想要个人来照顾他、崇拜他罢了。因此，夫妻双方都与对方的期望截然相反。当家庭矛盾出现时，他们二人都会以各自原生家庭中的方式处理家庭冲突。这样一来，莱拉变得越来越像她从前憎恨的"恶毒"母亲，而汉克也越来越像他那冷漠的父亲，并且像他父亲一样频频外遇、离家不归。他们开始经常搬家、常常吵架。而他们19岁的女儿贾妮所说的话跟当年莱拉的话完全相同：贾妮说她想要"稳定、幸福的家庭生活"。但是她跟男朋友交往的模式却与母亲跟父亲交流的方式完全一致。

莱拉和汉克都对他们的家庭生活抱有期望，而这种期望的基础却是他们各自童年未能满足的需求。他们结婚时，想当然地认为对方一定能够提供自己所需要的东西。而事实上也是如此，他们往往会坚持要求对方满足自己的需求。因此，他们会相互指责，并且希望对方做出相应的改变。事实上，他们对于亲密的家庭关系都感到不适，甚至他们的女儿贾妮也是如此。

在家庭关系中，过分的"亲密"和过分的"疏远"都有可能产生不良的后果。夫妻在发生过亲密关系之后可能会打架，这种现象并不鲜见。这是因为他们害怕过分亲密的关系会让他们失去独立的自我身份，或者让他们变得容易受到伤害。很多人都误以为建立亲密关系就意味着个体独立地位的丧失。在他们看来，过分亲密与过分疏远一样，都是十分可怕的。因此，人际关系与家庭关系中一个极大的挑战就是如何学会亲密、开放、包容，并同时保持自己独特的自我个性。这一点是可以做到的，在下面的章节中，我们将详细阐述。

第 4 章

你不比我更好，只是跟我不同：
家庭分歧的处理

我们都处在一个复杂的家庭关系网中，与各代家庭成员都有密切的联系。我们无法改变这个关系网中的各位成员。显然，很多人常常无视这一点，他们会因为各种矛盾或"没有共同点"之类的原因与亲属断绝关系。但是当人们认为家庭关系无足轻重时，他们就会危害到自己的身份感，还会损害自己的社会与情感背景。

——伊丽莎白 A. 卡特，莫妮卡·麦戈尔德里克，
《家庭生活的周期》

我说东，你说西：家庭分歧导致的焦虑

大多数人结婚时都认为自己与配偶在日常生活中是相似的，而且自己与配偶的生活追求是一致的。但是他们不久就会发现事实并非如此。如果夫妻在新婚蜜月期间没有因为双方的差异而发生较大的冲突，那就算是幸运的了。夫妻之间可能产生分歧的事情实在太多了，比如早上几点起床、去哪里吃饭，甚至如何挤牙膏等。但这些也许只是严重冲突的开端罢了。于是夫妻双方都开始怀疑自己原先的选择是否正确；也许当初自己的决定是错的，结果跟一个"双面怪人"结了婚，因为自己的配偶现在跟当初的样子似乎截然不同了。这样一来，夫妻双方似乎很难像以前预想的一样幸福快乐地生活在一起了。

生活在一起时，如果不能及时发现双方之间的重大差异，就不可能建立起真正的亲密关系。这是很正常的。尽早发现那些容易引起矛盾的分歧，才是我们应该采取的正确处理方式。但是大多数人都把这些分歧当作"理想关系"的威胁，因为他们认为夫妻双方的"理想关系"应该是一种持久的和谐，双方应该在同一时间想要同样的东西。

当夫妻双方发生分歧时，大多数人会竭力促使对方与自己保持一致。毕竟，如果人生路上有一位与自己思想相通的伴侣陪在身边，这难道不是最好的"亲密关系"吗？但是当我们发现事实情况并非如此的时候，就开始焦虑了。接下来，按照一

般的模式，我们就会认为是对方的行为导致了我们的焦虑。约瑟自己心里说："我之所以不高兴，全是因为她。如果她不像现在这样，而照我想的那样去做，我就不会烦恼了，所以这都是她不好。"

"为什么女人不能跟男人一样？"希金斯教授曾经这样感叹道。我们现在要回答他："那你为什么不能像我一样呢？"当然，我们常常太世故了，不愿意承认这才是我们真正想要的，于是我们就把真实的动机隐藏在表面的思绪之后。我们常常想自己的配偶、子女、老板，或者其他人"应该"是怎样的。我们常常说"你应该如何如何"，或者"你最好如何如何"，但我们真正的用意是要说"我想让你如何如何"。例如，妻子贝塔对丈夫史蒂芬说："你应该多跟我聊聊。"她这么说其实是在掩盖自己对夫妻差异的焦虑。她真正担心的是：自己很喜欢说话，而丈夫史蒂芬却不怎么喜欢聊天。如果不是因为夫妻之间的差异感到焦虑，她就会说："我想让你跟我说说话。"这才是她内心需求的真实表达。同样，史蒂芬也可以对贝塔说："我想要安静一会儿。"而不是说："你的话太多了。"

当然，这种现象并不仅限于婚姻关系。无论何种人际关系，只要其中存在人与人之间的差异，就会产生这种现象。（这样一来，差不多所有关系都是如此。）在这些关系中，至少有一个人会对人与人之间的差异产生焦虑。例如父母与子女的关系、朋友之间的关系、同事之间的关系、不同民族之间的关系（在这种情况下差异更为明显）、雇工与管理层之间的关系、自由派与保守派的关系——世界上所有国家和民族的人之间都存在着各种差异。

问题

1. 你的原生家庭中存在着哪些主要差异？家庭中的人们是如何处理这些差异的？是否有人在处理某些特定差异时比其他人做得更好？

2. 你和伴侣之间存在什么差异？你们是如何处理的？你是如何试图让伴侣发生转变的？伴侣是如何想让你改变的？你有何反应？

按照我的方式来做，否则就要受到惩罚：夫妻之间对协同一致的追求

如上所述，当关系中的一方因为差异而感到焦虑时，他通常会竭力促使对方发生改变。贝塔试图让史蒂芬变得像她一样，成为一个健谈的人；史蒂芬则希望贝塔变成他那样的孤僻者。这样一来，夫妻之间就会存在一种求同的压力。但是要改变他人绝非易事，可能努力 50 年都不一定能够取得成功。在一般情况下，被要求（或命令）做出改变的一方会用以下四种

方式中的一种做出回应：

（1）顺从

（2）反叛

（3）攻击

（4）断绝关系

下面，我们将详细讨论这四种方式。也许你会发现，你的家庭中正好有人在使用这样的一种或几种应对方式。甚至你也许会发现自己曾经使用过这些模式。根据环境和条件的不同，我们大多数人都曾经在不同时候使用过所有这些方式，但我们每人都有一种最喜欢的应对模式。

无论是你要求对方做出改变，还是对方要你做出改变，重要的是一定要认识到：当一方要求另外一方做出相应变化时，上述的四种策略都是我们常用的应对方式。它们并不是孤立单独发生的，也不能说一方是好人，另一方是坏人。我们这样做只不过是试图消除对差异的焦虑，或消灭家庭中对"亲密"和"疏远"关系的威胁罢了。讨论这四种策略的时候，我们会把重点会放在夫妻关系上，但是其他关系（无论是亲密还是疏远的关系）都会发生同样的状况。

◎ "亲爱的，我只要你想要的"：顺从的人

在夫妻关系中，那些"顺从"的人为了达到"一致"的效果，常常装作差异根本就不存在。我们常常可以看见一对夫妻

团结起来一致对外，就是这种情况。甚至孩子也不明白自己父母内心的真情实感。这样的夫妻会尽量避免家庭冲突，因为冲突意味着双方存在差异和不同。团结一致才是他们想要达到的理想状态。这些人也许能或多或少意识到自己需要独立和不同，但是他们会认为这种需要是错误的，还会破坏夫妻关系，于是选择将其忽视。这样的夫妻表面上看起来关系十分融洽，因为他们从来不会因为发生冲突而打架。但是"顺从者"也会用其他方式宣示自己的独立和个性。例如，有些"顺从"的妻子会在上床睡觉时假装自己头疼，以此为借口不与丈夫发生性关系。这样一来，她就可以避免夫妻双方发生矛盾和冲突，同时又假借生病来维护自己的独立性。

┆示例┆

阿曼达和亚伯带着他们 16 岁的女儿波莉去看心理医生。他们说波莉有些"性滥交"，并且否认自己的婚姻有问题，自称关系十分融洽。医生问他们如何跟波莉谈论性问题，他们回答说除了一些性禁忌之外，基本没有跟波莉谈过有关性的话题。医生又问他们夫妻之间如何谈论性爱问题，他们说夫妻之间也没有谈过与性爱有关的话题，还承认夫妻二人很久都没有发生过性关系了。阿曼达说自己从来都不喜欢性爱。亚伯则说他明白妻子的心意，所以就不再向妻子求欢，甚至不跟妻子谈论关于性爱的话题。于是丈夫亚伯"顺从"了妻子阿曼达，但是这无法消除夫妻之间关于性爱问题的差异。这种差异产生的焦虑被移置到了他们的女儿身上，而女儿心理疾病的根源明确指向了父母的婚姻。

　　在"顺从模式"下，无论具体形式如何，顺从者的基本要求都是"不惜一切代价维持和平"。他们害怕发生冲突，尤其是冲突可能导致关系的破裂。从表面上看，似乎仅仅是一方在努力避免冲突，但是实际上双方都有问题，双方都在无意识地、不知不觉地用这种模式来避免焦虑。双方都没有充分考虑过对方的信仰、原则、思想和感受。相反，他们否认差异的存在，也从来没有认真地去了解对方和认识自己。因此，他们不知道夫妻之间的差异可以给他们带来好处，还可以帮助他们解决问题。

　　请记住："顺从者"并不一定是夫妻关系中没有力量的弱势一方。那些看似"软弱无力"的"弱者"却有着极大的能量。他们常常摆出一副为了成全对方而甘愿牺牲自己的样子。他们会说："别管我，去做你喜欢的事情吧。"这样一来，他们反而在夫妻关系中取得了很大的力量和优势。

　　这样的"弱者"会在别人心中造成一种愧疚感，而他们也很会利用这一点。通常情况下，"弱者"会得到一定的"补偿"。他们会无意识地这样想："我可以在这个、这个和这个问题上面做出让步，但是你最好今后在那个问题上向我妥协。"如果对方在那个问题上没有向"弱者"低头妥协，那么"弱者"就会不惜发生冲突："我为你做了这个、这个和这个，但是你居然不愿意为我做那个！"即使第一次要挟不成功，这样的"弱者"也会加重你的愧疚感。

当"顺从者"感到婚姻关系缺乏亲密感时，他们的应对策略之一是积极参与婚姻关系之外的某些活动。他们可能会积极参加教堂活动或社区服务，也可能会悉心照料年老的父母，培养某种兴趣爱好，或者认真参加某项工作。很多"顺从"的母亲则变得过于干涉子女的生活——这对母亲和子女都是有害的。有些孩子的父母常常相互"顺从"，这会让孩子以后很难学会自己独立承担责任，因为过度关心的父母会为他们准备好一切。一些父母把过多的精力投到子女身上，是为了掩盖夫妻之间的差异，并无视自己对"亲密"或"疏远"关系的需求。

"顺从者"还常常是精神或者肉体上不太健康的人。他们与差异的斗争往往会以各种疾病的形式表现出来，比如频发的头疼或背疼、轻度抑郁、酗酒、频繁失业、甚至癌症、心脏病、严重的精神失常，乃至需要被送进精神病院进行治疗。

┆示例┆

罗伯特曾经酗酒长达八年。神志清醒的时候，他在婚姻关系中表现得十分怯懦，不敢伸张自己的权利。他对妻子极其顺从，就像小时候他对专治的母亲那样顺从。但是，他一旦喝

醉了就会变得截然相反。他会暴跳如雷，还会对家人胡言乱
语——有些话在他清醒的时候是不可能说出来的，而他的本意
也并非如此。后来，他学会在婚姻关系中挺直腰板儿，变得越
来越坚强自信，结果酗酒的次数也大大减少。

(问题)

1. 在你的原生家庭中，谁扮演着"顺从者"的角色？他在哪些
   隐秘方面具有巨大的力量？他会获得哪些补偿？

2. 现在，你会在什么时候宁愿选择"顺从"，而不愿承认你与
   他人的差异？

　　当然，也许现在你也猜到了，"顺从者"有时候"生病"
可以解决其自身及他人的焦虑。夫妻关系中的另外一方也有相
同程度的焦虑；"顺从者"的"生病"可以给家庭提供一个焦
点，吸引夫妻双方的注意力，从而让双方都忽略掉关于差异的
焦虑。这样一来，"顺从者"就可以保持家庭关系的平衡。如
果"顺从者"痊愈了，夫妻双方就要想出别的办法来避免直面
二人之间的差异。

　　◎ "我按自己的方式行事"：反叛的人

　　那些"反叛者"表面上看起来似乎想要更多的距离和独立
性。但是，一个人真正完全独立于社会之外的状态也是十分可

怕的。因此，"反叛者"们不得不跟社会中的其他人保持较近的距离，但同时行为上又具有一定的反叛性。例如，当甲要求"反叛者"乙去做某事时，乙却去做另外一件事，即使有时候乙听从甲的建议会更好，结果也会如此。

　　"反叛者"喜欢与众不同，但是当他们真正做到与众不同时，却感到自己缺乏安全感。"反叛者"痴迷于叛逆的行为，拒绝按照别人的要求去做，但是他们不知道自己到底想要做什么。"反叛者"总是忙着抵制别人设定的生活目标，却无法给自己设定一个目标。对于"反叛者"来说，"独立"意味着做与别人相反的事情。但是这样一来，"反叛者"还是受到了他人制约。其他人仍然限制着"反叛者"的自由，而"反叛者"只不过是按照与别人相反的方式来行动罢了。

　　当然，要做一个成功的"反叛者"，你首先需要有一个反抗的对象。大多数"反叛者"都能轻而易举地找到一个喜欢对他们发号施令的"权威人物"。这个"权威人物"的观点总是正确的。他总是对"反叛者"说："如果那样做，你会后悔、会受伤、会不及格、会被解雇，或者会发生事故。"当预期的坏事发生之后，这个"权威人物"会说："我告诉过你，你本来应该听我的话（或者像我这么做）。"但是这个"权威人物"接下来会跳出来，替"反叛者"收拾残局，承担起"反叛者"造成的损失和责任。因此，"反叛者"很少要为自己的行为后果负责，总有人站出来帮他们摆脱困境。

在很多时候，家里的"反叛者"往往是第二个儿子，或第二个女儿。在这样的家庭中，二儿子或者二女儿常常费尽心思，努力表现得跟长子或者长女不同，希望家庭能够接纳他们的独特性。通常情况下，其他兄弟姐妹则更加"循规蹈矩"。这些"反叛"的子女常常会与另外一个家庭中的长子或长女结婚。这样一来，在组建的新家庭中，这些"反叛"的子女可以继续反抗其配偶的"权威"。而他们的配偶过去曾经在自己的原生家庭中负责管理年幼的弟妹，现在则很愿意在新的家庭中管理"反叛"的爱人。

这样的关系也许可以持续很久：夫妻中的一方扮演着"权威人物"的角色，总是试图证明自己是对的；另外一方则扮演着"反叛者"的角色，从来都不用为自己的行为负责。

┆示例┆

苏琳在其原生家庭中是第二个女儿。她嫁给了尼古拉斯，他是另外一个家庭中的长子。夫妻二人在很多方面都很和谐，因为苏琳习惯于依赖他人，而尼古拉斯喜欢指挥别人。但是苏琳不喜欢做别人的"依附者"。于是她成了一个"女权主义者"，常常说男人"耽误"了女人。但她不愿意采取实际行动来改变自己的命运。虽然常常抱怨尼古拉斯总是替她做决定，她却喜欢听从尼古拉斯的安排。后来，尼古拉斯得心脏病去世了，苏琳一时之间竟不知该如何生活。苏琳内心深处实际害怕成为独立自主的个体，而尼古拉斯恰好为她提供了屏障和掩护。因此，她的"反叛"其实只是表面上的。

（问）（题）

1. 在你的原生家庭中，谁扮演着"反叛者"的角色？他对家庭中的其他成员有何影响？

2. 在你现在的生活中，情况又如何呢？在你现在的家庭中，你是"权威人物"还是反抗"权威人物"的"反叛者"？如果没有"权威人物"和"反叛者"的对抗，你的生活将是怎样的？

◎ "我才是一家之主"：攻击的人

　　家庭中的"攻击者"也会因夫妻差异产生焦虑，但是他们认为这种焦虑和其他一些不好的东西都是别人造成的。他们知道自己到底想要什么，如果得不到的话，就会感到沮丧和挫折。他们认为夫妻关系中的另外一方造成了其挫折感。他们常常恬不知耻地说："要是你更好一点儿（或更体贴一点儿、更善解人意一点儿、更关心一点儿等），我就不会这么难过了。"婚姻关系中的"攻击者"往往把另外一方看成是麻烦和障碍，不惜采取一切可能的方法改变对方。

　　如果夫妻双方都是"攻击者"，那么这个家庭必然冲突不断。他们总是一方开始"攻击"，另外一方进行"反击"，如此往复循环、持久不绝。他们都想在所有方面占上风，或者至少与对方平起平坐。无论双方争执的焦点是什么（即使简单到去看什么电影），除非一方认同另外一方的观点，否则必有一方感到十分失望。这样一来，夫妻双方都要把大量精力浪费在让对方听话和认输上。

| 示例 |

　　唐娜和杰夫的生活品位不同，这导致他们总是不断发生冲突。例如，唐娜喜欢古典音乐和比较知性的书籍，杰夫喜欢摇滚和传奇故事。他们总是因此相互攻击。杰夫说唐娜"太势利""太装腔作势"，唐娜则说杰夫"太愚蠢""太庸俗"。当然，他们双方都对彼此的差异感到焦虑，因为他们都害怕自己被对方否定和拒绝。因此，他们二人费尽心思，想向对方证明自己的爱好才是"正确的"。

　　在接受治疗和咨询的过程中，治疗师首先让这对夫妻对各自的价值观建立自信，消除他们对各自价值观的焦虑和恐慌。这让他们认识到没有必要强迫对方与自己的价值观保持一致。最后他们终于承认：彼此只不过是不同罢了，没有什么谁对谁错的问题。一旦接受了对方的差异，他们就开始变得更善于妥协和协商了。例如，他们开车出去时，会轮流决定听哪个电台，而不是相互争夺和指责。他们不再相互进行无谓的人身攻击，因而能够更快地找到解决问题的办法，而且彼此相安无事、和平共处。

我是一家之主

　　陷入"家庭权力争夺战"的夫妻常常会想："在我做出改变之前，你首先要改变。"于是，他们陷入了相互敌视的怪圈，即每个人的"不良行为"都被看作是由另一方的"不良行为"引起的。例如，丈夫对妻子说："如果不是你整天唠叨，我才不会喝那么多酒。"然而妻子说："如果不是你喝那么多酒，我才不会整天唠叨。"这样一来，总要有人首先停下来，才能终止这种恶性循环。

　　家庭关系中的"攻击者"身上常常有一个潜在的问题，那就是他们大多缺乏自信。无论是有意识的还是无意识的，夫妻双方都觉得自己不够好。每个人都想让对方与自己保持一致，从而让自己的自我感觉更好一些。当然，受到攻击的一方不会心甘情愿做出改变，于是这种做法从根本上来说是失败的。

┊示例┊

　　贝蒂和亚森在婚姻生活中常常因为各种问题相互指责。他们都认为自己的所作所为是"正确的"，而对方的行为是"错误的"。无论他们争论的问题是什么，也不管问题大小，譬如开车去奶奶家走哪条路、去什么地方度假、谁花的钱最多等——都能引起分歧乃至争吵。这些问题都会让他们把对方的"缺点"仔细罗列一遍。

　　于是，他们决定去找婚姻关系咨询师，但仍然觉得是对方出了问题，希望咨询师能够纠正对方的错误。

　　咨询师首先询问了他们各自原生家庭的背景和以前的生活经历。一开始，他们都以为这些问题是无关的，甚至根本不需要问，因为他们都认为自己的家庭背景不会对婚姻关系造成什么影响。但是双方都认为对方的家庭背景"有问题"，并且不厌其烦地分析对方家庭的"古怪之处"。当贝蒂和亚森仔细分析了自己在原生家庭中的经历和感受之后发现：现在的婚姻关系模式源于他们早先的原生家庭背景。他们认识到：两人的自信和自尊都十分脆弱，对别人的批评和指责都极度敏感。于是他们开始学会对自己的情感负责，不再过多地苛求对方。这样一来，"家庭权力争夺战"就慢慢消失了。现在，他们不再要求对方做出改变，反而争相做出更多的改变。

（问 题）

1. 在你的原生家庭中，谁曾经参加过公开的"家庭权力争夺战"？这是如何开始的？又是如何结束的？

2. 现在，在你自己的家庭中，你是否也会加入"家庭权力争夺战"？除了攻击别人和对别人做出反击之外，你还可以采取什么别的手段？是什么让你陷入这样的家庭争端？

◎ "再见！"：断绝关系的人

对于一些人来说，处理人际争端的唯一方法就是离开，或断绝关系。当争端发展到一定程度，让他们感到难以忍受的时候，他们就会抽身而去，或者至少在情感和精神上貌合神离。这可以表现为换一个新话题，打开电视机以停止交谈，离家出走，乃至离开一个城市或国家。很多住在同一所房子里的人在精神和心灵上却相距十万八千里。

"断绝关系"的一种情况是：一名男子仍然和他的妻子生活在一起，而且表面上看起来对妻子非常"顺从"，但是在情感和精神上早已经"同床异梦"。另外一种情况是：年轻人刚成年就从自己的原生家庭中搬出来，只有在无法避免的情况下才回家看看。我们一开始提到的苏就是这种情况，她从家里搬出来是为了避开喜欢吵架的父亲。当然，她也是完全有能力照顾自己的成年人。

很多人与家庭断绝关系是因为感到自己在家中十分无力。他们认为自己的配偶掌握了家中所有的权力。与这样一个强势配偶在一起生活，他们无法保持自己的个性，没有办法"做自己"。他们因此感到十分不自信，开始孤立自己，认为自己不需要别人的陪伴。这些人往往看起来十分独立，但是就像前面提到的"反叛者"一样，这只是一种假象。他们的"独立"常常建立在"拒人千里之外"的基础上。当他们在感情上向别人靠近时，就会感到非常焦虑。他们在社交和工作上往往表现得很正常，甚至十分优秀，但是一牵扯到感情，就会一塌糊涂。他们在原生家庭中尚未解除的依赖性越大，就越有可能在感情上与别人断绝关系。那些被他们抛弃和断交的人往往会感到十分无力，而主动断绝关系的人似乎掌握了这段人际关系中的所有权力。在一段亲密关系中，被抛弃和被断交的人往往无法在那些主动断绝关系的人面前保持自己真正的个性。

┊ 示例 ┊

艾维塔跟赫尔南多结婚 20 年了。他们之间的冲突和矛盾越来越多，大多是由艾维塔的变化引起的。在他们婚姻的前 17 年，赫尔南多一直是家里的"管事人"。他总是做出一副"独断专行"的样子，切断自己跟艾维塔感情上的亲密联系。他也曾经这样切断自己与原生家庭的联系，以避免来自原生家庭的批评。虽然他看起来颐指气使、独断专行，跟艾维塔比起来更是如此，但是在内心之中非常依赖别人。只要与艾维塔保持一定距离，并且处于支配地位，他就不会产生焦虑。只要艾维塔对他顺从，夫妻关系就会和谐。但是艾维塔后来变得不那么顺从，并且扬言要离开他。于是赫尔南多开始恐吓艾维塔，却根本没什么效果。这样一来，他彻底崩溃了，开始向艾维塔乞求，说她是自己生命中最重要的人，离了艾维塔，他就不能活了。

从上面的事例可见：赫尔南多在原生家庭中没有学会如何处理自己的依赖性。于是在他结婚之后，这就成了一个很大的遗留问题。

人们在情感上与自己的原生家庭断绝关系是很常见的现象。我们常常认为，一旦与原生家庭划清了界限，就会摆脱原生家庭的控制，不再受其影响。这样一来，我们所有的问题就都解决了。但是，在原生家庭中没有解决好的问题还会随我们进入新组建的家庭关系中。最明显的例子就是：有些人不断结婚和离婚，不停地更换新伴侣，却总是无法成功地建立起令人满意的伴侣关系，而且他们总会认为这是新伴侣的"错误"。

问题

1. 在你的原生家庭中，谁曾经与其他成员"断绝关系"？你的父母是否曾经与整个家庭，或者家庭的部分成员"断绝关

系"？这是如何引起的？家庭中的其他成员有何反应？这样
的事情对你的身心发展造成何种影响？

2. 现在，你与家庭中的部分成员"断绝关系"了吗？你认为这
种行为有何帮助？或者有何阻碍？

　　当家庭成员之间自然形成的差异变得令人不安时，总有一
个或几个成员站出来，要求大家协同一致。除非某个家庭成员
的自我意识足够强烈，否则他们往往会用以上四种方式中的一
种做出反应。相反，一个健康的、运行良好的家庭应该能够容
忍家庭成员之间的许多差异。良好、健康的家庭会认为成员之
间的差异是有趣的、正面的，还会利用这些差异进行相互激
励、共同成长，而不是害怕差异。

第 5 章

如何在保持真我的同时维持亲密关系

　　我在年轻的时候，想要改变世界。后来我长大了一些，才明白这个目标实在是太大了。于是我试图改变我的国家。又经过了一些岁月，我认识到这个目标也太大了。于是我试图改变自己居住的小镇。当我意识到连这个目标都无法实现的时候，我想改变我的家庭。现在，我垂垂老矣，才知道一切应该从改变自己做起。如果一开始首先改变自己，也许我现在已经改变了我的家庭、我的小镇、我的国家，也许甚至可以改变整个世界。

——一个哈西德派犹太牧师的临终遗言

做真正的自我：保持真我，并且知道自己是谁

在乔尔·钱德勒·哈里斯（美国小说家和记者）的"老南方故事"中，兔子老弟走在人生的道路上，一边走还一边兴高采烈地吹着口哨。后来，他遇到了一个"柏油小人"，站在路边对他恶言相向。兔子老弟勃然大怒，开始攻击那个"柏油小人"，结果他的手反而被柏油粘住了。于是，他开始更加猛烈地拳打脚踢。最后，他整个人都被黏糊糊的柏油缠住了。他曾经认为：不让别人说自己的坏话，就是保持"真正的自我"。但最后的结果是他忽略了最初的人生目标。他过分关注别人的评价，最终让自己陷入了困境。

这个道理对大多数人来说也都是适用的。对于别人的所作所为，我们做出的反应越大，就越远离自己本来的目标，也就越容易受到别人的影响。一个情感上成熟的人，不仅应该能够在感情上跟人接近，而且要做到不被别人的意见、需求和评价所左右。心理治疗师把这种现象叫作"分化"，就像是一个细胞与另外一个细胞分离开来，但是仍然保持着一定的关系。

原生家庭的一个重要任务是：帮助我们发现自己到底想要什么，鼓励我们追求自己真正想要的东西（也就是说"做自己"），并且同时与别人保持亲密关系。我们之中的大多数人在同一个时期只能做到上述内容的一个方面。我们要么顺从他人，以维持自己与他人的亲密关系；要么切断自己与他人的联系，以求"做真正的自我"。

如果你与一个志趣相投的人共同生活，那么你希望"做自己"的愿望就很容易实现。如果伴侣或者亲友在生活中与你追求的东西不同，分歧和困难就会出现。每个家庭和夫妻都会因为求同存异的问题发生争执，而"求同"的需求是与家庭成员发挥自身个性相悖的。正如上一章所述，如果一方在婚姻关系中要求另外一方与自己保持一致，并且侵犯了另外一方的主体个性，那么另外一方就会做出相应的反应。

我们在第 1 章里讲过苏的故事。她年幼时是个顺从的小女孩；十几岁的时候开始变得叛逆，后来和父母发生了一场"家庭权力争夺战"，最后与父母断绝了关系。

无论后来采取什么策略，苏都无法成为一个真正独立的人。她与原生家庭切断联系之后，又把原生家庭中没有解决的问题带到了她和史蒂夫的婚姻关系之中。而史蒂夫也把自己在原生家庭中没有解决的问题带到了新的家庭中。于是他们又按照各自原生家庭的模式，开始了新的家庭斗争。

只有那些"分化"成功的人才可以真正地"做自己"。他们可以做自己想做的事，说自己想说的话，自由地思考问题和感受事物，而不用过度考虑别人的喜好或批评，也不用过分批评或奉承别人。这样的人是开放的，他们愿意接受自身与别人的差异。当别人要求他们做出转变时，他们也不会做出过分的反应。他们也愿意做出改变，乐于接受新信息，善于对自己重新定位。他们并不认为需要"改变"就意味着自己有不足和缺陷。

只有这样，我们的生活才能变得充实和快乐起来。我们跟父母、子女生活在一起时，更应该如此。如果我们不能这样去做，那么将一直受到原生家庭的影响和控制。

实际上，没有任何人是完全"分化"成功的，完美的人根本不存在。在经历的各种关系中，我们或多或少地会进行"分化"。但是我们"分化"得越频繁，这个过程也会变得越容易。下面，我们将会讨论一下那些"分化"良好的人的特征。

◎ 具有目标指向性

具有"目标指向性"说的是一个人能够清醒地认识到自己的价值，并且能确定什么东西对自己来说是重要的。这样的生活方式让人无论是在人际关系、工作，还是其他方面，能够真实地表达自己，例如表达自己的需要、信仰和价值。也许你与周围的亲友之间存在很多差异，但是你可以自由地表达出来。这并不意味着你一定要攻击别人，或者用自己的价值观压倒别人的价值观。这也不意味着你可以在任何时候都不顾别人的感受，想怎么说就怎么说。这只意味着你可以自己选择想要成为什么样的人，不受别人否定或赞许的影响。

做一个具有"目标指向性"的人，并不意味着你可以忽视自己与他人之间的人际关系。相反，当你在别人面前自由地表现"真我"时，你会发现人际关系将变得更加愉悦。那些具有"目标指向性"的人可以拥有深刻、良好，并且亲密的人际关系，并且在维持人际关系时遇到的麻烦更少。

与"目标指向性"相反的是"关系导向性"。具有"关系导向性"的人在情感上不太成熟，他们的自尊和满足感完全依赖于别人。他们把自己的精力和时间全都花在人际关系中，以求获得别人的认可和尊重，而不是专注于确立和追求自己的人生目标。

对于"关系导向性"的人来说，别人对他们的喜爱和关怀才是至关重要的。如果别人不再喜爱和关怀他们，他们就会感到大难临头。他们痴迷于争取别人的认可和赞扬。他们喜欢别人，也希望自己能被别人喜欢。他们往往过分敏感，能从自己与爱人之间最细微的差异中看到关系破裂的征兆。

│示例│

吉娜对丈夫说："这些树实在是太美了！不是吗？"她的丈夫回答道："还可以吧。"这让吉娜以为丈夫根本不爱她，因为丈夫不喜欢她所喜欢的东西。于是她开始批评丈夫，说他过于消极，破坏了他们婚姻的幸福感。后来，吉娜的丈夫花了很长时间来做某项房屋修整工作。这也是吉娜让他去做的。他以为吉娜会对他的工作感到满意，并且会感谢他。吉娜却责问他为什么没有把装修的部位向右移几厘米。丈夫听了之后立即火冒三丈。他指责吉娜从不欣赏他所做的任何事，还说从此以后再也不会为她做任何事了！

(问)(题)

1. 你是否善于在"做自己"的同时也能够跟其他人保持密切的关系？你是否会在别人面前隐藏自己性格的某些方面，并且认为别人会因你的某种性格而讨厌你？别人的反应对你的行为有多大影响？

2. 在你的家庭中，谁和你的差异最大？在他面前，你还能很好地保持自我和"做自己"吗？

3. 你属于"目标指向性"还是"关系导向性"类型的人？你家里的其他人呢？

◎ 能够区分思考与感受

　　面对人生路上的很多抉择，"分化"成功的人会细致地分析各种选项的好处与坏处。他们往往能够做出理智的判断，这是因为他们可以很好地区分自己的思想和感受。他们并不强求别人接受自己的信条，也不会因为别人的信条与自己不同而攻击别人，或对别人怀有戒心。

　　"分化"并不等于让人们失去自己的感受。"分化"成功的人从来不会失去自己的感觉，因为在需要的时候，他们可以自由地体验和表达自己的感受。他们会把自己的感受当作生活信息来源之一。只要愿意，他们也可以激情澎湃。对一个"分化"成功的人来说，关键的因素是"选择"。他们可以恰当地选择是否根据自己的感觉行事。

因此，"分化"成功并不意味着没有感情。只要愿意，"分化"成功的人也可以深陷感情之中不可自拔。这样的一个例子就是做爱。人们在做爱时都会沉浸在感官的世界中，抛弃了一切理性的界限。

因为"分化"成功的人往往从自身位置出发考虑问题，所以他们能够有自己的立场，并且有自己的底线，同时也会听取别人的意见。他们既不任性，也不死板教条。他们愿意接受新信息，但不会被感情上的讹诈或威胁所左右。同时，他们不会指责那些与自己观点不同的人。相反，他们会尊重别人，并且向别人学习。实际上，他们会对人与人之间的差异感到愉悦，而不是恐惧。最为重要的是，他们也会用同样的方式对待自己最亲密的人，如配偶、父母和子女等。

那些没有"分化"成功的人往往分不清自己的思维和感受。他们也许在日常工作中表现良好。他们也可能很善于处理那些"事务导向性"的任务，而不是"人际关系导向性"的工作。但是一旦涉及比较亲密的人际关系时，他们就会陷入迷茫，变得非常敏感和脆弱。为了维持密切的人际关系，他们甚至愿意做出一些不合理的妥协。如果他们对自身有足够信心的话，是不会做出不合理妥协的。

正是因为"分化"不太成功的人分不清想法和感受，所以他们常常会把自己的主观感情当作事实情况的真实反映。例如有人也许会这样说："我觉得你会拒绝我。"但是这句话不是要表达自己的一种感受，而是对别人行为的一种解读。当人们说自己"觉得如何如何"的时候，他们常常是在表达一种想法，而不是在抒发一种感情或感觉。"感觉"是关于自己的，而不是关于别人的。关于自己感觉的表达方式应该是这样的："当你不同意我的意见时，我感到自己被人狠狠地拒绝了。"

我们的感受都是由对周围环境的思考，或者对正在发生事件的解读产生的。除非别人与我们进行了身体上的接触，否则他们无法让我们产生任何具有确定意义的感受。除此之外，我们所有的感受都是从自己内心产生的。例如，如果乔狠狠地打了比尔的肩膀一下，那么比尔就会产生肉体上疼痛的感觉。在这种情况下，乔让比尔产生了一种意义确定的感受。但是如果乔只是说"我很生气，真想打你"，却没有付诸行动，那么比尔对乔的话产生的感受则完全取决于比尔自己，或者说取决于比尔如何理解乔所说的话。如果比尔认为乔真的非常生气，会把他狠狠打一顿，甚至打断他的几根骨头，那么比尔也许会感到恐惧，甚至想逃跑。如果比尔想："乔现在很生气，这说明他不喜欢我，真是太糟糕了。"那么他也许会感到自己的感情受到了伤害，或者感到沮丧。如果比尔认为："谁对我发火，我就饶不了他！乔可吓不住我。"那么他也许会发怒，甚至首先动手打乔。如果比尔想："到底什么事让乔生这么大的气？"那么他也许会感到很好奇，甚至会说："快告诉我你为什么生气，也许我可以帮你解除烦恼。"

从上面的事例可以看出：在同一个情景下，对同一个事物有多种可能的解读。一个"分化"不太成功的人会认为仅仅是乔的话语让他产生了某个特定的感受。他完全不考虑自己解读的作用，认为完全是乔让他感到恐惧、受伤或者愤怒等情绪。

一个"分化"成功的人则不同。他明白乔的愤怒有多重解释的可能。如果他要对乔的话语做出反应，就会表现得很好奇，并且希望能和乔好好谈一谈。

在成长的过程中，我们都在不断地树立并修正对他人和自我的态度与信念。原生家庭中的生活经历会决定我们在这个世界上的各种人际关系中能做什么样的人，或者必须做什么样的人。这些信念会逐渐成为我们对外部世界做出反应和感受的情感基础。无论家庭成员如何影响我们，家庭并不能让我们形成特定的信念和感受。我们每个人都会形成自己对这个世界的独特认识，而这个形成过程会受到各种外部因素的影响，其中包括我们作为子女的长幼顺序（或称为"手足位置"，具体内容请参见第 7 章）、我们的父母在其各自原生家庭中的经历、某些特定的生物学前提基础，以及许多不可预见、不可界定的品质等。

如上所述，我们的个性与情感都是自己创造出来的，这就意味着我们同样可以改变自己的性格和感受。我们不必等待他人做出改变，而要首先改变自己。

请做下面的练习，区分一下哪些句子是表述思想的，哪些句子是表达感受的。

思考和感受

请回忆一下，你每天要说多少次"我感到……"之类的话。这些话其实是在表述某个思想，而不是你自己的感受。当你下次再说"我感到……"的时候，请注意留心，把它换成"我认为……"你会感到有什么不一样吗？

请注意一下，你自己和身边的人是否常常喜欢说："那让我感到很糟糕""你真让我生气"，或者"你让我感到恶心"等。有没有什么更准确的方式来表达这些主观体验？请采用更准确的方式来表达，看看周围人们的反应有何不同。

融合：陷入泥潭之中

"融合"恰好与"分化"相反。所谓"融合"就是陷入一种共生或寄生关系的泥潭中。也就是说，你总是对别人的行为做出这样或者那样的反应。我们在第 4 章中提到过的那四种基本反应策略（顺从、反叛、攻击和断绝关系）都是"融合"的不同体现。

┊示例┊

　　玛格丽特和保罗陷入了一场家庭战争。无论讨论的话题是什么（政治、宗教、孩子、家庭杂务），夫妻之间都会产生很大分歧。他们都指责对方在所有问题上犯了错误，还把他们的差异看作是很大的问题。但是他们二人在本质上很相像。虽然在思想和行为上看起来十分独立，但其实二人都有很大的依赖性。当保罗不同意玛格丽特的意见时，玛格丽特就会感到害怕，因为她内心需要保罗的支持。同样，如果玛格丽特不按照保罗期望的方式行动，保罗就会感到自己被拒绝和否定了。他们都想获得更多的亲密感，却都以自我为中心。当被问到"亲密感"的含义时，保罗立即答道，他认为"亲密感"就像"母亲和婴儿的关系"（这就是一种典型的"融合关系"）——"母亲对婴儿的需求十分敏感，会无条件地满足婴儿的任何要求。如果夫妻二人关系亲密的话，一方就会本能地知道另外一方的需要，然后立即予以满足。"这就是保罗想要玛格丽特为他做的，而这也正是玛格丽特想要保罗为她做的。他们之间的纷争说到底就是为了让对方进入这个理想中的"哺育者"角色。

　　保罗对"亲密感"的定义非常符合我们很多人对"爱情"

的看法，但这恰恰是一种"融合"关系的体现。母亲和婴儿之间的关系从一开始就是一种"融合"的关系，而我们每个人成长的过程却是要让自己成为独立自主、自力更生、可以满足自己需求的成熟个体。

即使对成年人来说，也很难放弃追求"融合"的欲望。我们梦想着找到一个"特殊的人"，建立亲密的关系，希望他能带来想要的"融合"式爱情。当我们坠入爱河的时候，自以为找到了这样一个"特殊的人"。当我们发现自己错了的时候，就开始抱怨自己与爱人之间缺乏交流和沟通，但是我们大多数人这时所说的"交流"往往指的是"一致性"。当人们认为自己在和爱人"交流"的时候，其实是他们和爱人想法一致的时候。当玛格丽特抱怨保罗没有跟她"交流"时，其实往往是保罗没有跟玛格丽特"交流"她想要"交流"的东西而已。因此，他们虽然一直在"交流"，却总是"交流"失败。这样一来，当保罗想要的东西跟玛格丽特不一样时，他也许会跟玛格丽特保持疏远，把精力投入到工作中去（同时他也希望玛格丽特能够更加理解他，期望玛格丽特变得跟他更加相似）。玛格丽特则拼命地向保罗靠近，希望获得更多的"亲密感"（其实这里的"亲密感"指的是"一致性"），希望保罗能够与她更好地"交流"。夫妻二人实际上都是被原生家庭中未解决的"感情依恋"所困，他们都希望从婚姻中获得那种"合二为一"的奇妙感觉。

"融合"是夫妻关系中一个强大的因素。处于"融合关系"中的夫妻像了解自己一样熟悉对方。即使对方不说一句话，丈夫或者妻子也能明白对方的需求、愿望、想法和感受。

那些具有"情感本能"的人往往熟悉这个过程。这样的人大多出身于具有"融合"氛围的家庭，特别善于观察家庭其他成员的情绪变化，因为这对他们的生活来说是至关重要的。但具有这种本能的人也常常是被动的，只能对别人的行为做出反应。他们总是时时关注着自己与别人的距离，揣测着别人对自己的看法，并且根据别人的需要、想法和感受，随时调整自己的行为。他们也许都不知道自己想要的到底是什么，更不要说表达自己的愿望了。

在高度"融合"的家庭中，成员之间的差异往往是被忽视和否认的。我们在第2章中讨论过的各种不能言说的"潜规则"制约着家庭成员的行为。要测试一个家庭的"融合"程度，有一个简单的方法，那就是尝试对家里的其他人说："我们家好像有这么一个现象……"（也就是说破家里的一条"潜规则"。）一个家庭的"融合"程度越高，家庭成员就越不愿意承认这个规则的存在，更不愿讨论它的内容。这样一来，很多家庭就一直保持这种状态，而不会发生任何改变。但是当家庭中的某个成员有了足够的自信，不再与其他人保持一致，并且敢于面对自己行为带来的后果时，这样的家庭就不得不发生改变。还有另外一些家庭，当子女到达青春期之后，也不得不做出一些改变，或者至少认识到自身存在的问题。

当一个家庭的子女到达青春期时，家里的各种"潜规则"和"显规则"都会受到挑战和质疑。在"融合"型的家庭中，一切秩序都要开始崩溃了。子女要求"分离"的愿望超过了"融合"的需要。于是，很多父母常常抱怨：自己的孩子曾经非常听话，在学校里表现很好，但是到了13～16岁就不再是这样了。这些父母的意思是：子女曾经非常愿意按照父母的期望行事，但是到了青春期，子女开始特立独行，追求自己想要的东西，不再与父母保持一致。这样一来，父母就变得焦虑起来。在通常情况下，至少父母中的一方会以频繁惩罚和控制子女的方式来应对这种情况。这种方式有时会见效，但最多只能推迟分离的时间（正如有些子女会说："我要等着离家的那一天"），而且会让子女更加彻底地与父母断绝关系。子女们会这样想："在家里，我不能按照自己的意愿行事，所以我最好别回去。"

一个家庭的"融合"程度越高，该家庭中的子女感到的"威胁"就越大，他们就越希望打破这种"融合"的状态，并且在感情上与自己的原生家庭保持一定的距离。在这个阶段，父母对子女施加的控制越强，双方之间的矛盾和斗争就会越激烈。最后，为了表明自己不愿受父母压力的控制，处于青春期的子女往往会做出一些令父母勃然大怒的出格之事，来展示自己的"特立独行"和与众不同。

┊示例┊

　　理查德是一家之主。在他的家庭中，有一条不能说破的"潜规则"，即家中任何人都不能挑战他的权威。每个家庭成员都默默地服从着这条规则，直到家里最小的女儿安妮长到了13岁。出于多方面的原因，安妮开始拒绝遵守这条规则，并且变得越来越叛逆，公然反抗父亲的权威。于是，理查德抱怨说："她想夺取我一家之主的地位。"安妮拒绝服从父亲的权威，这让理查德感到备受打击，也震动了整个家庭。因此，全家把她当作头号麻烦，还把她送去接受心理治疗，希望医生能把她"治好"，让她重新变得"听话"起来。她的"叛逆"行为在父亲和其他家庭成员的内心中激起了巨大的焦虑和恐慌，所以他们把安妮当作一个"不正常"的人。最后，全家终于能够开诚布公地谈论这个问题。理查德还谈到自己权威受到威胁后感到的不安，以及这对夫妻关系产生的影响。实际上，安妮对父亲权威的挑战也反映了其母亲内心深处对父亲的憎恶，而这种憎恶被母亲深藏于内心，不愿说出来。最后，安妮的"问题"以家庭秩序发生良性的改变而收场。但是，类似的问题并非总能得到圆满的解决。

　　然而，青春期的少男少女们表现出来的叛逆行为并不代表真正的独立。即使有些人表面上看起来十分桀骜不驯，但其内心仍然是十分自卑的，而且他们家庭的"融合"程度往往很高，还受到父母的控制。他们的所作所为只不过是故意与父母的期望相反罢了。因此，那些处于青春期的叛逆少年并没有学会独立思考，也没有为自己的人生设置特定的目标。这样的"叛逆"只能是自我毁灭罢了。

在一个高度"融合"的家庭中，处于青春期的子女发生叛逆时，往往会与同龄人建立起一种同样高度"融合"的关系。他们希望与父母不同，却变得跟一些同龄人非常相似。在这种同龄人的伙伴群体之中，青少年们又开始追求"一致"和"统一"。因此，他们在这种新的群体中也很难实现"分化"成功。这种青少年群体的基本目的是反抗父母和其他的权威。在反抗的过程中，他们相互支持，互相鼓励。但他们这样做也只是"为了反抗而反抗"，而不是为了让自己实现"分化"和成熟起来。

┊示例┊

莎维塔是一名 15 岁的女孩，出生在一个高度"融合"的家庭中。在 7 年级以前，她一直是个"乖小孩"。但是，7 年级以后，她开始反抗父母的权威，并且跟一群年龄稍大的青少年混在一起，加入了同样高度"融合"的叛逆少年群体。她开始做各种各样出格的事情，以获得同伴们的接纳。但是她的行为并没有带来什么好处，还搞坏了自己的名声。于是，她只好换到另外一所学校就读。在新的学校里，她又开始跟一个同样没有"分化"成功的贫困男孩交往。她试图用自己的爱和过分的关心来"拯救"这个男孩，却反而毁了自己。到 18 岁时，她感到自己的一生已经完了，甚至想要自杀。在接受心理治疗的过程中，她认识到自己的自尊很脆弱，还有很强烈的"融合"倾向。于是她开始从父母和同龄人中"分化"出来，根据自身利益做出自己的决定。

莎维塔：过去和现在

问题

1. 你的家庭有没有成功解决过成员之间的分歧和差异？请列举两个成功事例。在解决成员分歧和差异的问题上，你的家庭有没有失败的经历？请列举两个失败的案例。为了解决这些分歧和差异，所有家庭成员（包括你自己在内）经历了哪些过程？

2. 请回忆一下，在你的家庭中有没有人曾经发现、指出、讨论，甚至改变过什么规则？这种经历对于整个家庭造成了怎样的影响？

是你让我做的！——为自己负责

那些"分化"不太成功的家庭大多存在一个严重的问题，那就是家庭成员搞不清楚谁应该为哪些事情负责。这不是指谁负责饭后洗盘子，而是指家里人都相信一个家庭成员可以让另外一个成员产生某种感受。

一个家庭的"分化"程度越高，家庭中所有成员就越会对自己的感受、想法和行为负责，并且能认识到每个人都是自身经验和感受的创造者。当家庭成员能够做到这一点时，他们将开始以全新的方式考虑自身的问题。他们可以安然地说出自己的真实感受，比如"我感到很生气"，而不是把注意力转移到别人身上，说"你让我很生气"。

在"融合"型的家庭中，子女们（有时候甚至是成年的子女）对特定的话题会非常敏感，总是避免讨论某些方面的话题，因为他们认为"这会让爸爸或妈妈不高兴"。总的来说，一个家庭的"融合"程度越高，家里可以让人产生不快的话题就越多。避开这些"令人不快"的话题其实是为了避免触犯家里的某个成员。

　　但是别人感到不高兴的时候，我们自己往往也会感到不愉快。因此，当我们避开"令人不快"的话题时，真实意图其实是进行"自我保护"。我们之所以不愿意让别人感到不快，是因为我们自己不想感到不快。"融合"型的家庭在没有发生什么内部矛盾时，一般的状况大概就是如此：家庭成员谁也不愿意谈论和触及彼此之间的差异和不同，因为这也许会使家庭内部发生令人不快的事情。他们假装完全一致，以维持家庭的和平气氛。但是当家庭气氛变得紧张起来的时候，再强求一致，就会令人感到不安。这样一来，在紧张的气氛下，"融合"型家庭的成员们就开始失去自控能力。他们会相互指责，说："都是因为你，我才会难受（生气、悲伤等）。要是你能改变一些，我就会高兴起来。"这时，他们就会把对方的问题指出来，而平时他们是不愿意说出这些的。然后他们会认为：正是对方的"问题"导致了他们自己的"问题"。

　　有这样一个例子可以说明上述情况。一个丈夫对妻子抱怨说："我在社交场合总是觉得不舒服、不自在，都是因为你一直批评我说的话不对。"丈夫这么说其实是在推卸责任，认为妻子应该为他在社交场合的不安感负责，而没有反思一下自己为什么对别人的批评那么敏感（如果妻子对丈夫的确是持批评态度的话）。

　　想要改变别人，从来都很难成功。"自己为自己负责"意味着首先要改变自己，而不是改变别人。

　　如果一个人完全依赖于别人给予的爱和支持才能生存，那么他必然会感到压力，不得不按照别人的意愿去做事和做人，以获得并维持别人的爱和支持。这样一来，他就是为了获得别人的认可，而出卖了自我和个性。但这种人际关系最终还是要破裂的——要么会对别人无端发火（通常是因为一些无关的事情），要么会拿自己出气，做出一些损害自己身心的事情，比如说陷入抑郁状态等。因为真正的"认可"和"接纳"是对人与人之间差异与不同的认可和接纳。只有当别人或家庭认可和接纳了我们的独特自我个性时，才算是真正地认可和接纳了我们。从某种程度上来说，我们自己也能认清虚假的"认可"和"接纳"，并且对之感到厌恶。

　　我们有时候会在别人面前刻意掩饰自己的真实个性，以免让别人感到不快。但是这只能在短期内避免人际交往中的不快和伤害，却必然会引起长期的混乱和纷争。

问题

1. 你是否在原生家庭中养成了一些基本的信念，这些信念现在却让你感到不快？如果有的话，请列举出来。

2. 在你自己的家庭中，有没有一些大家都极力回避的问题或话题？是否一提到这些话题，家里就会有人感到不高兴？大家都心照不宣地避开一些重要的问题，这对你的家庭生活有何影响？

3. 在你的原生家庭中，有没有人为了获得别人的认可和接纳，放弃了在自己原生家庭中培养的某些信念？

4. 假设你结束一天的工作，高高兴兴回到家中，却发现爱人的情绪很糟糕，你会不会受到他情绪的感染？这个过程需要多长时间？你能否推延或者改变这个过程？

还是留给妈妈做吧! ——功能过度与功能不足

"功能过度"与"功能不足"这样一对机制几乎存在于所有人际关系中。在人际交往的过程中，其中一方似乎比另外一方更负责、更有能力，甚至更健康。在通常情况下，一方往往看起来比另外一方更成熟一些。但是如果一个长期"功能不足"的人有了很大的进步，那么"功能过度"的一方就会变得不太正常。也就是说，当一方强大起来的时候，另外一方就会弱小下去。当长期抑郁的妻子恢复正常之后，表面上看起来很正常的丈夫却会陷入抑郁的状态之中；得了躁狂症的丈夫逐渐恢复之后，表面上看起来非常能干的妻子却变得不再那么能干了；当性冷淡的妻子变得对做爱感兴趣时，丈夫却有可能早泄。

同样，当一些"问题少年"取得很大进步时，原来过度关心、过度操劳的父母不再那么辛苦了，但又变得焦虑和不安起来。

◎ 负面的影响

在不健康的人际关系中,"功能过度"一方的角色与"功能不足"一方的角色往往是固定的。"功能过度"者表面上看起来是在照顾对方,而"功能不足"者似乎在这个关系中完全处于依赖和被"融合"的地位。但实际上,无论是"功能过度"者还是"功能不足"者双方的"分化"程度同样都不高。在这种关系中,"功能过度"者依赖于"功能不足"者,"功能不足"者也同样依赖于"功能过度"者。

在人际关系中,如果一方扮演了"功能不足"者的角色,那么另外一方必然要成为"功能过度"者。"功能过度"者与"功能不足"者总是一起出现,任意一方都不可能单独存在。

"功能过度"者和"功能不足"者总是处于一种"融合"的关系之中。一方担负起照顾双方的责任,另外一方则允许对方承担这个责任。一方有多"坏",另外一方就要有多"好"。但双方实际上都在合谋维持现状,所以都有问题。

"功能过度"者往往感到自己别无选择,必须承担起相应的义务。他会认为对方在某个方面完全没有能力,所以不得不担负起对方的责任。即使有些时候"功能过度"者认为对方是在利用自己,他们也会感到自己别无选择。"功能过度"者也许会愤怒地指责对方故意逃避责任(比如他们会说:"你太懒惰了"）但是他们还感到自己有义务替对方承担责任（比如"功能过度"者会说："这些事总要有人去做的"）这样一来，那些"功能不足"的人则会感到自己"无能为力"，允许甚至期望对方替自己负责。在这种情况下，"功能不足"者最常用的一句话就是"我做不了。"

┊示例┊

　　艾尔是个正常、聪明，并且很懂机械的成年男子。当妻子让他去洗家里的衣服时，他却回答说："我不会用洗衣机。我也不知道什么衣服该用持久压力模式来洗。那么多按钮我根本分不清楚。"他的这种说辞在一段时间内还真的有效。妻子承担起了整个家庭的洗衣工作。但是过了一段时间，他的妻子开始拒绝这种"功能过度"者的角色，艾尔的衣服没人洗了，结果他却很快学会了使用洗衣机。

　　"功能不足"者往往会找到各种原因来证明自己无法从事某项工作，但他们最喜欢的理由之一是"生病"。大家对生病的人一般不会提出太多要求，而生病的人也不用从事繁重的日常工作。他们还会受到家人的关注，甚至可以在很大程度上控制家庭内部的事务。家里的其他成员为了照顾病人，不得不改变自己原来的生活。无论病人有身体上的疾病还是精神上的疾病，所在家庭常常会以其为中心开展日常的工作和生活。

在另外一些情况下，有些"功能不足"者想要承担更多责任，所以他们认为"功能过度"者是在控制和约束他们。于是，这些"功能不足"者的口头禅就变成了："都是你不让我做！"

┊示例┊

珍妮总是抱怨说："我想出去找个工作，挣钱养家糊口，但丈夫就是不让我去。"在她家里，虽然珍妮和丈夫表面上看起来好像发生了矛盾，实际上却在相互合作，共同掩饰着一些东西。其实，珍妮保护着丈夫作为"挣钱养家者"的尊严；如果珍妮感到不安，丈夫也会觉得自己的地位受到了威胁。而丈夫外出工作挣钱，以保证珍妮的生活不会贫困匮乏。但是在家庭关系中，双方却都在指责对方应该为自己的焦虑负责。

◎ **正面的影响**

在健康的家庭关系中，有时也存在成对出现的"功能过度"者和"功能不足"者，只不过他们的角色从来都不是固定的，而总是在不断变换。双方都能意识到这种角色的变化，并且愿意随时随地转换角色。每人都同意在特定的阶段、特定的领域内让对方占据主导地位。只要他们愿意，随时可以从原来的角色中解脱出来，而不会相互对立、相互指责，或相互防备。

┊示例┊

金姆和金露是一对夫妻，他们在生活中逐渐形成了一个规矩：由丈夫金姆负责安排夫妻二人共同的日常社交活动。许多年以来，他们双方都明白这些事情是由金姆全权负责的，而且对此都很满意。但是后来金姆逐渐不愿意安排这些事情了，而金露也觉得总是受到别人的安排和摆布十分无聊。于是二人谈了谈，决定从今以后由妻子金露负责安排或者取消夫妻二人共同的社交活动。

小测试：你在家里属于"功能过度"者还是"功能不足"者

请反思一下，你在家庭生活中的哪些方面属于"功能过度"者，或者"功能不足"者。做一个小小的短期测试（例如时间可以设定为一个星期），请在某一个方面让自己变成与平时相反的角色（如平时是"功能过度"者，现在则变为"功能不足"者，反之亦然）。

当你做出这个转变后，你和伴侣内心的焦虑程度会发生什么变化？升高还是降低？当你转变角色之后，你和伴侣之间是否有些隐藏很久的问题会暴露出来？那是什么样的问题呢？

结论

　　下面这个案例是婚姻生活中的一个典型的场景。在这个案例中，夫妻之间的一次交流中出现了以上我们描述过的各种问题。

┊ 示例 ┊

　　乔和南希要去出席一场宴会。时间越来越近，南希变得越来越紧张。她试了好几身衣服，都觉得不合适，最后好不容易才挑选出了自己认为最满意的衣服。正当她刚刚化好妆时，乔走了进来。南希的情绪十分不好，于是向丈夫抱怨道："真糟糕！我都不知道该穿什么衣服了！"像往常一样，乔这次也没有听懂妻子的弦外之音，不知道她是在寻求安慰。他认为南希在向他征求意见，于是摆出一副一本正经解决问题的样子，说道："你怎么不穿绿色的那件？这件蓝色的看起来很不好！"听了他的话，南希很生气，因为丈夫没有听懂自己的真实意思。南希说："你真让我感到恶心！我打赌你肯定喜欢今晚玛丽要穿的那件低胸装。你还是自己去吧，那样正好跟她共度良宵！"乔感到自己的好意被误解，于是勃然大怒："上帝啊！你怎么又来找事儿？我们还没去呢！真把我气死了！你到底是怎么了？"他们又这样斗了几次嘴，相互指责对方的缺点。最后，南希终于哭着崩溃了，而乔的一腔怒火也随之消散。他走过去抱住妻子，表明自己只是想帮助她。南希却说并不需要他这样的帮助，并向丈夫述说自己到底需要什么。乔开始安慰妻子，说她现在穿的这身衣服正合适。南希则紧紧抱住丈夫，并且跟他接吻。乔感到妻子很性感，认为妻子想要跟他做爱，于是就抱着她往床边走去。这样一来，南希感到丈夫再次误解了自己的意思。她把丈夫推开说："这就是你想要的？你的脑袋简直就是个榆木疙瘩！"乔则反驳说妻子"太古板、太正统"，难怪自己会喜欢玛丽的低胸装。于是二人又开始相互指责，而争吵的最终结果是乔摔门扬长而去。

我们在第 3 章、第 4 章和第 5 章中讨论过的所有家庭关系的运作机制都在这个案例中有所体现。乔和南希夫妻二人因为家庭内部的"亲疏关系"问题发生了矛盾和冲突。南希希望通过获得丈夫的鼓励和安慰与跟丈夫建立亲密的关系，乔却试图通过性爱与妻子建立亲密的关系。他们认识到：如果要和对方建立起亲密的关系，就必须成为对方想要的那种人，或者做对方想让自己做的事，但同时得不到自己想要的东西。于是他们开始感到失望，不愿跟对方继续接触。为了控制焦虑情绪，或避免来自家庭内部的威胁感，他们至少采用了三四种我们上面提到过的应对策略。在夫妻关系中，"权力斗争"是最主要的，但是当南希流泪的时候，乔还是愿意稍作退让和顺从的。当乔摔门而去的时候，他想跟南希"断绝关系"。这些因素交织在一起，导致夫妻二人都把对方看作是自己内心焦虑的来源。他们都认为："如果对方做出一些改变，一切就会变好了。"他们都认为对方十分自私无情，却又对对方的评价十分敏感。他们都认为对方有责任维护自己的尊严。南希向乔询问自己到底该穿什么，这说明她处于"功能不足"的边缘。乔也似乎很乐意指导妻子如何穿衣，这说明他是一个"功能过度"者。

　　想要在感情上变得成熟起来，我们就要学会如何在类似情景下做出恰当的行为，并且在合适的时候改变自己的观念和行为。

第 6 章

人际关系中的三角模式

整个世界就是个大舞台，
男男女女只不过是舞台上的角色。
你方唱罢我登场，
每个人都要扮演很多角色。

——威廉·莎士比亚，《皆大欢喜》

苏年幼时常常目睹父母之间的争吵。她的父亲会面红耳赤地训斥母亲，母亲则会大哭一场，最后向父亲妥协退让。因此，苏常常会替母亲感到难过，并憎恨父亲。每当父亲气冲冲地离开房间后，她都会跑去安慰母亲。

苏慢慢长大了，母亲开始向她倾诉父亲的其他暴行。十几岁时，苏开始反抗自己的父亲，但她的母亲从来没有这么做过。当父亲殴打她的兄弟姐妹时，苏就会感到怒不可遏。这样一来，父亲就放过他们，反而去打苏。最后，离开原生家庭之前的几年中，苏开始认识到：母亲的胆小怯懦也是造成家庭问题的原因之一。每当母亲不敢公开维护自己的权益时，苏就会说她是个"窝囊废"。母亲听了就会哭，父亲则会指责苏对母亲太残忍了。然后，苏和父亲就会大打出手。

在这种情况下，苏和她的家人陷入了一种常见的家庭关系模式之中，我们把这种模式叫作"三角关系"。除非你能预见到这种"三角关系"模式的威力，并且了解它在家庭中的运行机制，否则你将无法改变家庭环境的现状。

这里有一群人："三角关系"到底是什么

从本质上来说，三角模式可以指任何一种涉及三方的人际关系。三角形的每个角都可以代表一个人，或者一群人。家庭中最基本的三角关系是由父亲、母亲和孩子组成的，而罪犯、受害者和警察也构成了一个基本的社会三角关系。每当我们想到"三角关系"这个词时，就会想到人尽皆知的"丈夫、妻子、情人"之间的关系。其实三角关系中的任何一个角也可以是一个物品、一种活动，或者一件事。正像很多妻子抱怨的那样："工作是我老公的情妇。"

在肥皂剧的剧情发展中，三角关系是必不可少的主导机制。此类电视剧中的三角关系大多是由于某个人物不直接向对方表白或说明自己的意思而产生的。剧中的一个角色并没有向当事的另外一方提供足够的信息，而是把事情告诉了无关的第三方。如果带着这种观点来看肥皂剧，你会发现人们可以轻而易举地把自己的生活弄得一团糟，而肥皂剧非常准确地反映出我们生活中的这个方面。

三角关系既有积极作用，也有消极影响。我们在第3章中提到过：每个人在人际关系中都有自己最为舒适的亲疏程度。如果太过亲密，或者太过疏远，人们的内心就会产生焦虑。但是如果周围环境中有许多其他人，焦虑也许会被冲淡。这就意味着人口众多的大家庭具有更高的稳定性。当家庭中的某个成员焦虑过度时，他可以去找其他人倾诉，等自己冷静下来，然后再回到原来的家庭关系之中。例如在我们祖父母那一代人中，如果父母与子女之间产生了难以控制的矛盾和冲突，父母会把孩子送到附近的叔叔婶婶之类的亲戚家中住一段时间。这样一来，双方都有机会重新思考一下家庭冲突产生的原因，从别人那里得到一些意见和建议，也许还会达成和解与妥协，以新的方式重续父母与子女之间的关系。但是在当今社会，大多数家庭成员都住得十分分散，而且在心理和感情上也很疏远，所以很难再做到这一点。

今天的"核心家庭"（只包含父母和子女的小家庭）就像是一个个密不透风的压力锅。除了心理医生的诊所和家庭调解员的办公室之外，很少有地方可以让家庭成员释放压力，并学会处理自己的焦虑感。不少人都误以为自己的焦虑应该自己解决，而不去找其他人倾诉，这样就导致很多家庭的内部压力不断升级，直到最后整个家庭关系彻底崩溃。相反，家庭中的成员越多，三角关系模式越多，家庭内部压力也越容易得到缓解。

但在实际生活中，大多数家庭中的三角关系模式反而加剧了家庭内部的矛盾。这些三角关系之所以会产生，往往是由于关系双方很难把注意力集中在二人之间的事务上，也很难维持一对一的关系。人们的"分化"程度越低，就越难以做到这一点。

在一对一的人际关系中，人与人交往所产生的紧张和压力通常会不断增长。为了应对这种压力，人们往往会向第三方倾诉，或者讨论其他不相关的事情，从而构成一种三角关系。这种关系可以持续数小时、数天、数周，甚至数年。有些夫妇在谈论子女、朋友，或者工作时关系都很融洽，却不愿意谈论他们自己。在苏的案例中，她后来了解到：母亲结婚第一年跟丈夫发生矛盾之后，曾几次跑回外婆家，向外婆抱怨丈夫对她不好。外婆却劝母亲说："男人都是冷漠无情的禽兽。他们就是那样，没法改变的。"然后，母亲就被送回家照常过日子了。在这种无法改变的恶劣环境下，苏的母亲感到非常无助。外婆不能帮母亲反抗丈夫，反而以一种消极的方式跟他站在了一起。

如果换作别的家庭，外婆也许会对跑回娘家的母亲说："我早说过他不适合你。你就在我这儿住下，我来照顾你。"然后，母女双方开始交流"坏丈夫"的故事，证明他真的不值得托付一生。过了一段时间之后，外婆和母亲之间的旧有矛盾也许会逐渐浮出水面，母亲会回忆起当初她为何离开自己的原生家庭。她其实是从一个控制欲强的人身边来到了另一个同样的人身边。

如果再换作其他家庭，也许外婆会倾听母亲的倾诉，跟她一起谈论自己的感受，分享婚姻生活的经验，最后让母亲自主做出恰当的选择。

但是无论如何，在任意一组三角关系中，总会有两方关系比较亲密（"圈内人"），而另外一方比较疏远（"圈外人"）。想在三方之间保持同样的亲疏程度是很难的。有些三角关系的角色会发生转换，任何一方都有被排斥在"圈外"的时候；有些三角关系的角色却是固定的，关系比较亲密的两方和被疏远的一方一成不变的。在角色固定的情况下，关系亲近的两方往往忽略了他们之间的分歧，而联手对付"圈外"的第三方。这种三角关系最温和的表现形式就是我们常见的"说别人闲话"。

在上述"母亲与外婆"之间的关系中，我们列举的前两种情况体现出了三角关系的负面影响。在前两种情况中，"圈内"的双方（苏的外婆和母亲）在讨论"圈外人"（苏的父亲），却没有涉及"圈内"双方的关系。她们关心的焦点在于"圈外"的第三方，而不是她们自己。然后，苏的母亲回到父亲身边继续生活，她也许会跟父亲谈起外婆的性格多么强势，却不会跟父亲交流他们夫妻关系中存在的问题。

在上述第三种情况中，"圈内"的双方（苏的外婆和母亲）更关注她们自己的经历和关系，而不是第三方的"圈外人"（苏的父亲）。这样一来，她们也许能找到更有建设性的办法来解决母亲和父亲之间的关系问题。

请做下面这个试验，看看你能维持多久"一对一"的专注关系。

小测试：关注你自己

邀请一个密友或伴侣跟你促膝长谈。请一直盯着对方的眼睛，跟对方谈论你自己的情况，还有你与对方的关系，请不要涉及任何其他人或事物。试试你能这样坚持多久。然后，再加大一点难度：谈话时请只用现在时，不要用过去式和将来时，即只跟对方谈论最近你们之间发生的事情。

| 示例 |

安娜和比尔聚在一起时，喜欢对莎琳评头论足。对于莎琳身上的优点和缺点，他们的看法似乎十分一致。这其中暗含的意思是：安娜与比尔观点相同，二人有很多相似之处，所以他们的关系很"亲近"。相反，莎琳则与他们"不同"，所以关系就比较疏远。但是当比尔和莎琳在一起的时候，则表现得十分"类似"。这样一来，比尔和莎琳又显得比较"亲近"，而安娜与他们"不同"和"疏远"。再换一种情况，如果安娜和莎琳在一起，她们则会讨论比尔身上与她们不同的地方。在这三种情况中，关系"亲近"的两方都忽视了彼此之间的差异（因为这种差异会引起焦虑），也都对"疏远"的第三方存在的差异形成了一致的看法。

在大多数人际交往中，人们往往很少谈论自己和对方的情况，也很少涉及双方之间的关系，而往往把大多数时间花在谈论别人和不相干的事物上。这种现象其实很正常，也很自然。这是为了在人际关系的"亲密"和"疏远"之间保持一定平衡。

但如果这是人际交往的唯一模式，那么交往双方自身的"融合"程度一定非常高，也就是"分化"得很不成功，而双方的分歧要么是被忽视了，要么是处理得很不好。

这种情况会发生在家庭中、朋友之间、办公室同事之间，甚至在国家内部和国际交流的过程中。这是三角关系的一种负面影响。但是为了应对亲疏程度和人际差异引起的焦虑，人们大多经常使用这种方法。

请记住：人们之所以会对亲密关系产生焦虑，是因为他们常常想"我应该如何与别人亲近，同时又保持自我、和而不同？我不愿按照别人的想法行事，也不想成为别人让我做的那种人，那我应该跟别人保持多远的距离？"或者"为了不让别人变得跟我一样，我要跟他保持多远的距离？"

当人际交往中的双方和谐一致时，他们可以很好地保持亲密关系。但是当双方发生分歧时，就会相互疏远，或者进行"权力斗争"。此时，其中的一方就想要把某人或者某物牵涉进来，从而形成一种三角关系。

一个常见的例子是，夫妻双方吵架时，其中一方往往喜欢把一个或几个孩子拉进来，然后说道："约翰尼和我的看法一样，他也觉得你错了。"这句话隐含的意思就是说："要是我们都认为你错了，那你就一定错了。所以你最好改过来，按照我们的意愿行事。"

三角关系一般有两种不同的状态：平静状态与紧张状

态。处于平静状态时，关系亲近的两方和谐相处，处于疏远地位的第三方则希望能跟他们亲近一些，进入他们的"圈子"。

在平静的三角关系中，处在"圈外"的第三方也许会设法引诱"圈内"双方中的一个，让其抛弃原来的亲密伙伴，而与第三方建立新的同盟。这样的一个例子是，有个十来岁的少女，她的父母总是组成"统一阵线"，而把她排斥在外。因此，她总是想方设法在父母之间挑拨离间，使之发生争执，结果父母中的一方反而跟她站在了一起，为了她的利益，与另外一方产生了矛盾。

在紧张的三角关系中，"圈内"双方也许会因为关系过于亲密，反而担心自己在密切的关系中失去自我。这样一来，他们会变得焦虑，并且发生冲突。在这种情况下，处在"圈外"的一方常常对他们的冲突敬而远之，避免与之发生接触。但是原来处于"圈内"的双方却试图与被疏远的"圈外"一方建立起一种新的联盟关系。

例如，当父母发生争执时，父亲也许会把一个子女牵扯进来，希望他站在自己这边，跟他一起对付母亲。这个子女也许不愿意加入，他会说："我可不愿意掺和这事儿，这是你们之间的事情。"

相反，如果这名子女希望跟父亲建立更亲密的关系，那么他也许会认同父亲的观点，并向母亲表示：他跟父亲的看法一致，所以母亲错了。在这种情况下，希望与父亲建立亲密关系的愿望超过了其躲避父母矛盾的愿望。

(问)(题)

1. 你的原生家庭中有哪些三角关系？请列举出这些三角关系中的各方人物。如果你来自一个大家庭，那么你们家里肯定有很多各式各样的三角关系。

2. 请回忆一下你父母的婚姻生活。你和父母双方的关系如何？你和他们双方关系都很好吗？还是和其中之一关系好？或者和他们的关系都不好？当你和父母一方关系比较亲近时，和另外一方的关系如何？

3. 通常情况下，我们一般和父母中的一方关系更亲密。如果你邀请关系比较疏远的一方单独去吃午餐，将会发生什么事情？你和另外一方的关系会怎样？这会给你带来麻烦吗？

三角关系是如何运行的

让我们从下面这个家庭的情况中看一看三角关系是如何运行的。在下面的家谱图中，我们列出了三代人的家庭谱系关系，其中包括格林祖父和祖母、怀特外祖父和外祖母；格林

家的第二代人——苏、巴布、查克和斯坦；怀特家的第二代
人——桑迪、加尔文和斯图；还有格林家的查克和怀特家的桑
迪生的孩子——莉丝和小查克。（图中男性用方形来代表；女
性用圆形来代表）

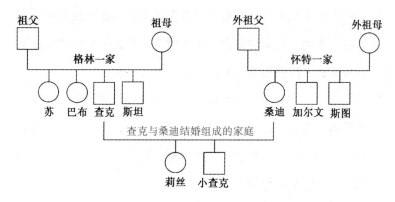

在这幅家谱图中，最基本的三角关系是由三个家庭组成
的：格林一家、怀特一家，还有查克·格林与桑迪·怀特组成
的家庭。请注意，在这个三角关系中，查克和桑迪是三个家庭
相互联系的纽带。但是不仅只有他们可以充当感情上的纽带，
从而形成可能的同盟。在这个由13人组成的大家庭中，如果3
人一组，就可以组成131个三角关系。再加上每个三角关系任
意一方的位置都有可能进行相互转化，这样就可能有393种不
同的角色。除此之外，还有其他类型的三角关系。比如祖父母
处于三角关系的一方，查克处于另一方，而桑迪处于第三方。
（图中的波浪线表示矛盾关系。）

父母双方和子女之间的关系是一种很常见的三角关系。例

如查克和桑迪婚后前两年，双方关系一直不错。他们相互关爱、相互理解，亲疏距离也很平衡。后来，女儿莉丝出生了，一个新的三角诞生了，桑迪开始把精力倾注于女儿，而有些忽略丈夫。

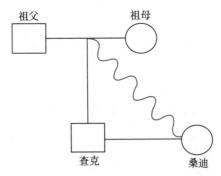

　　任何三个人在一起生活和相处时，都不可能从彼此之间得到相同的关怀和注意。莉丝从桑迪那里得到了足够的母爱和关怀，查克却感到自己受了冷落。此时，查克就像很多父亲一样，感到自己被排斥在了"圈外"（也就是三角关系中被疏远的一方）——桑迪不再像原来那样关心他，而他也开始有些怨恨莉丝。他感到嫉妒自己的女儿有些荒唐，也不能跟妻子交流此事。因此，他开始从工作和同事中寻求更多的关注和满足。（其他人也许会从宗教、酒吧，或者其他女人那里寻求满足。）这就形成了另外一种新的三角关系，其中包括查克的工作、查克，还有查克的妻子桑迪。在这个三角关系中，桑迪感到自己被排斥在外，被查克忽视了。这样一来，夫妻双方都感到自己被对方冷落了，都认为第三方（比如女儿莉丝，或者是查克的工作）夺走了自己本应得到的关爱，影响了夫妻双方的关系。

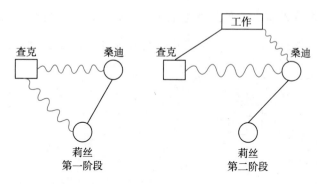

另外一种常见的三角关系叫作"同胞争宠"。莉丝跟母亲的关系曾经十分亲密，母亲对她也关怀备至。但是在她三岁时，她的弟弟小查克诞生了，母亲把大量精力转移到了小查克身上。母亲桑迪和小查克建立起了亲密联系，莉丝成了三角关系中被疏远的"圈外"人。于是莉丝开始在行动中故意仿效婴儿，希望引起母亲的注意。

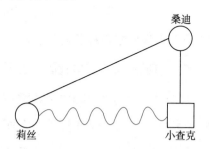

莉丝也可以对"破坏母女感情"的小查克进行报复，这样就构成了"同胞争宠"的关系，即姐弟二人为了争夺母亲的关怀展开竞争。或者她也可以争取父亲的关爱，从而弥补母爱的损失。这样一来，莉丝、父亲，以及母亲之间就形成了一个新的三角关系。

在这个大家庭中，还有更多典型的三角关系。在怀特一家中，不知出于什么原因，外祖母总想与外祖父保持一定距离，外祖父也只好默默接受，从别处寻求满足。母亲桑迪出生之后，外祖母长期把精力倾注在她的身上，开始关怀、担心，甚至依赖于桑迪。后来，外祖母生下加尔文和斯图之后，却不怎么担心他们，因为她感到："加尔文和斯图都是男孩儿，跟他们的父亲一样，可以自己照顾自己。"结果桑迪很难在感情和心理上与外祖母剥离和"分化"开来，加尔文和斯图并没有什么问题。桑迪也不得不花费大量的时间、感情和精力来应付严重依赖于她的外祖母，以至于没有足够精力过好自己的生活。她感到自己不得不代替父母照顾两个弟弟，认为自己生来就是为别人服务的，甚至没有自己独立的人生目标。正是因为这种"责任感"，她感到自己不能像弟弟们那样自由选择自己的生活方式。她发觉"做自己"真的很难。在这种情况下，外祖母和母亲之间的关系十分密切，母亲的两个弟弟则处于被疏远的"圈外"地位。当外祖母和母亲关系紧张时，加尔文和斯图喜欢躲得远远的；而当母亲在家里得到了他们没有的特权时，又开始变得妒忌起来。

这样一来，桑迪从小就成了一个"功能过度"者，后来她和查克结了婚。查克在自己的原生家庭中正好是个"功能不足"者，需要家里的女性为他服务。于是，母亲桑迪和父亲查克的关系就有点儿像她和外祖母之间的依赖关系。桑迪感到自己有责任照顾查克，并且替查克做些他自己做不了的事情。为了应付人际差异引起的焦虑，桑迪放弃了自己的需要，一心一意照顾查克，就像她在原生家庭中照顾外祖母一样。

但是桑迪内心认为："我可不希望女儿像我当年那样，在家里替父母照看孩子。我只想让她做一个被人好好照顾的孩子。"于是，她把自己的全部精力和关怀倾注到女儿莉丝身上。具有讽刺意味的是，当年外祖母就是这么对她的。因此，莉丝在母亲桑迪身边很难成功"分化"出来，难以成为一个对自己负责的独立个体。

后来，莉丝到了青春期。外祖母的年纪也越来越大，更加依靠桑迪。莉丝和外祖母都是"功能不足"者，对母亲桑迪这个"功能过度"者的依赖性越来越大。桑迪则感到自己有责任满足她们的需要，于是她就尽力去做。她也感到越来越失去了自我，几乎没有时间做自己的事情。如果莉丝和外祖母之间产生了矛盾，或者她们二人都需要桑迪花时间照顾，那么桑迪在这个三角关系中的任务就更加繁重了，因为她这时不得不充当二人之间的调解者。

在这个过程中，丈夫查克感到妻子的爱被人"骗走"了。查克认为桑迪应该把更多的时间和关爱留给他，而不是女儿莉丝和外祖母。他认为外祖母是个"喜欢指手画脚、吹毛求疵的老太婆"，女儿莉丝则是个"被宠坏了的小女孩儿"。他指责莉丝和外祖母犯了这样或那样的错误，而这一切都是桑迪造成的。他还说桑迪故意忽略丈夫，而更关心她们。但是，查克的这些行为反而加剧了桑迪的"责任感"和压力。

在这个大家庭中，另一个三角关系涉及查克与小查克这对父子。查克在原生家庭中常常扮演"老大"的角色，把弟弟斯坦指挥得团团转，以满足他自己的需求。在父子关系中，查克试图像当年指挥弟弟一样管理儿子。他还想对儿子好一点儿，至少要比当年其父对他自己好一点儿。于是，查克跟小查克相处得很愉快，父子关系十分亲密。小查克幼年时的确十分喜欢这种父子关系。但是后来他进入了青春期，想要按照自己的意愿独立行事。这时，当父亲查克希望继续和儿子小查克保持原来那种亲密关系时，他们之间的矛盾就爆发了。

此时，查克和小查克都想把桑迪拉进来组成一个新的三角关系，都希望她在父子冲突中站在自己一边。但是如上所述，桑迪已经和外祖母、莉丝，以及查克等人组成了三个三角关系，而且在这些关系中倍感压力。现在，她又要与查克和小查克组成第四个三角关系。她感到自己被这四重关系牵扯着，不得不为他们服务，或者至少要维护家庭内部的安宁。

通常在这种情况下，家庭中的"功能过度"者往往会陷入现代社会所谓的"崩溃"状态。他们也只能通过"崩溃"这唯一一种社会认可的方式来摆脱自己替别人承担的各种责任。但即使"功能过度"者崩溃之后住进医院，那也只是权宜之计，因为他们出院之后还会带着同样的"责任感"回到原来的家庭生活中去。这样一来，过去的一切经历还会在家庭中重新上演。

下面有一个小练习，它将会帮助你认识到自己原生家庭中的一些三角关系。

你们家的三角关系

请想象一下：你坐在父母的客厅里，与父亲或者母亲谈话（谈话者应与你性别相同）。如果你是男性，那么假设你在和父亲谈话，这时你的母亲走了进来，坐在你们身边（如果你是女性，那么假设你正在和母亲谈话，进来的是父亲）。你跟父亲（或母亲）之间原来的谈话会发生什么变化？你能意识到自己身上发生的改变吗？你有何感受？做何感想？你想要做什么？实际上又做了什么？

然后，做一个与之类似的试验。假设你坐在父母的客厅里，与父亲或者母亲谈话（谈话者应与你性别相反）。如果你是男性，那么假设你在和母亲谈话，这时你的父亲走了进来，坐在你们身边（如果你是女性，那么假设你正在跟父亲谈话，进来的是母亲）。你和父亲（或母亲）之间原来的谈话会发生什么变化？你能意识到自己身上发生的改变吗？你有何感受？做何感想？你想要做什么？实际上又做了什么？

接着，想象你和家庭中其他任何一位成员谈话，然后第三人走进来。你们之间的谈话会有什么变化？你会改变关注的焦点吗？在这个三角关系中，你属于"圈内人"还是"圈外人"？这会怎样影响你？

你和我一起对付她：三角关系中同盟的意义

如上所述，在三角关系中，其中的两方往往会结成同盟。这种同盟关系主要有两种作用：一是减少自身的焦虑；二是联合起来控制第三方。这样的同盟可以给人提供额外的支持和力量，减少人们的焦虑和无力感。

同盟关系在家庭中是一个普遍现象。新生的婴儿在自我意识产生之前就加入了家庭内部的三角关系，并且与某个家庭成员形成了同盟关系。随着自我意识的发展，婴儿也学会了利用这种同盟关系。

同盟关系可以帮助那些自认为很弱小的人与强者打交道。那些不太自信的人往往寄希望于别人的帮助。（例如，有些人希望借助于别人的帮助实现独立自主。）与别人结成同盟关系可以帮助我们提高自尊心和自信心，并且扩大我们的影响范围。

有一个例子可以说明：同盟关系可以帮助人们挽回不良的自我印象。现在，有很多35～45岁的中年男女感到自己经历着所谓的"中年危机"。无论"中年危机"到底是怎么回事，这种现象之所以会出现，常常是因为我们所期望的理想生活与真实的生活现状之间存在着差异和冲突。中年人看到与自己年纪相仿的配偶时，就会联想到自己的年龄也不小了。婚姻中存在的问题、失败的人际关系、未能实现的职业梦想等，都让我们倍感挫折。于是我们开始想象：如果能重新开始一段新的生活，找到一位新的年轻伴侣，也许就能重拾往日失落的梦想，或者至少让自己剩下的生命变得更有意义。

因此，我们也许会和一位富有魅力的新伴侣组成同盟关系，从而让自己感到恢复了青春活力。在大多数情况下，和这位新伴侣在一起时，我们会感觉自己比实际生活中更加吸引人、更机智、更聪明、更性感、更有活力等。而我们的配偶被排挤在了"圈外"，成了不受欢迎的人。

在这种三角关系内部的同盟中，处于"圈内"的人往往被认为是富有魅力的好人，而被排挤在"圈外"的一方被视为毫无吸引力的坏人。当我们和别人组成同盟时，往往喜欢扭曲事实真相。这就表明：我们加入同盟关系的真实目的是树立良好的自我感觉，并希望从别人身上获得"美好的东西"。

这样一来，同盟关系就变得不那么美好了，最终只能让

我们更加脆弱，或者感到自己被别人欺骗和利用了。（例如，有些人常说："他想要的只是我的身体！""她爱的只是我的钱！"等）

婚外情也是一种三角关系。夫妻关系中出轨的一方与情人组成了同盟，其配偶则被排斥在"圈外"。这样的同盟关系同样有害。

有些人及早认清了这一点，在对婚姻造成巨大破坏之前，及时抽身回到了原来的家庭关系之中，并且开始着手解决婚姻中存在的问题。他们的婚姻也许还是会破裂，但至少他们敢于面对婚姻中存在的问题，并且在解决问题的过程中完善自己。当这一切过去之后，他们会变得更坚强，也会更好地应对未来的新生活，无论其配偶是否还在身边。

另外一些人则没有认识到婚外情这种三角关系的危害，仍然以非黑即白的视角看待配偶和新情人，认为配偶完全比不上自己新找的情人。他们往往忽视了自己在这个过程中的角色和作用。

于是，他们和原配离婚了，并与新的伴侣生活在一起，结果却发现根本不了解自己的新伴侣。在与新伴侣共同生活的过程中，他们又遇到了前一段婚姻关系中同样出现过的问题。但即便在这个时候，还是有一些人没有认识到自己身上存在的问题，反而把错误全都推到异性身上。（例如，有些人常说："都怪男人"，或者"全怪女人"。）

当然，和别人结成同盟关系可以增强自身的力量。许多政党都深谙此道。有些小男孩在学校被人欺负了，第二天叫哥哥跟他一起去学校，也是这个道理。有些妻子在家里受丈夫压制，就找个子女帮忙，一起跟丈夫吵架——这也是三角关系中的同盟。实际上，被当作家里最强大的人并不是什么好事，因为其他人也许会组成同盟对付你。

┆示例┆

埃里克是一家之主。在家庭中，埃里克往往在一对一的关系中占据压倒性优势，并且十分专横。妻子和两个女儿把他视为"暴君"和"独裁者"。但是当她们组成同盟时，埃里克却很难得逞，还常常因此感到十分沮丧。为了瓦解妻女之间的同盟，他时常用礼物收买对方的某个人（埃里克掌握着家里的财政大权，这是他唯一的真实权利），但这种买来的"同盟关系"很难长久。

在某些家庭内部，还存在着一些隐秘的同盟关系。正是因为这种隐秘的关系从来不会被人公开承认，所以它们很难对付，无法被人挑战，而且会对家庭造成极大破坏。

┆示例┆

在某个家庭中，父亲占据绝对统治地位，母亲则比较软弱。父母和儿子在一起时，母亲一般都会顺从父亲的意见。从表面上看，父母之间似乎形成了统一战线，共同对付儿子。这样一来，父亲以为母亲总是站在自己一边。但是当父亲不在时，母亲就会向儿子倾诉自己的真情实感，允许儿子做一些父亲禁止的事，还瞒着不告诉父亲。他们感到这种隐蔽的做法打败了父亲的权威，并为之窃喜。但随着儿子逐渐长大，他开始做出一些母亲也不赞成的行为，并且像母子俩合伙儿欺骗父亲那样对母亲撒谎。母亲迫切需要儿子的支持来对抗父亲，所以就对儿子的行为睁一只眼闭一只眼。当母亲护着儿子时，父亲就会连儿子带母亲一起殴打。最后，父母离婚了，母亲希望儿子从此以后能够安分守己，不再胡闹。儿子却变得越来越任意妄为，并在 15 岁时犯了重罪。母亲从未有效地制约过儿子的行为，主要是因为她一直认为自己在家庭中的力量不足——如果不和儿子组成同盟，就会感到虚弱无力。

　　家庭中常见的另外一种同盟关系是父母和"好孩子"联合起来，一起对付家里的"坏孩子"。在这种关系中，家里的"坏孩子"总是处于"圈外"的位置。而家里的"好孩子"往往和父母结成同盟，因为他总是表面上按照父母的要求去做，或者看起来遵循着父母的价值观念，所以常常被认为是几乎"完美"的。（这种现象在同盟关系中很常见。）与之相反，家里的"坏孩子"被视为几乎没有任何优点。后来，已经长大的"好孩子"

接受心理治疗时，常常会告诉医生：他的所作所为几乎跟"坏孩子"一样，只不过没有被父母抓住罢了，而父母似乎认为这些"好孩子"根本不会犯错误。这就是所谓的"替罪羊现象"（也是家里的一个子女被当作所有家庭问题的根源）。

这种"替罪羊现象"在各种群体中都很普遍。它是人们应对自身焦虑时采用的常见手段，甚至在一些动物群体中也可以看到。有实验发现：无论何时，只要三只或者三只以上的老鼠被关在同一个笼子里，总有一只老鼠会被当作"替罪羊"。作为"替罪羊"的老鼠行为怪异，其他老鼠则表现得很正常。其他老鼠会攻击或者疏远这只"替罪羊"。如果原来作为"替罪羊"的那只老鼠被移走，那么剩下老鼠还会选出另外一只"替罪羊"。当实验人员把所有当过"替罪羊"的老鼠关在一起时，除了其中一只以外，其他所有老鼠都会表现得很正常。（唯一那只表现异常的老鼠是这个群体里的"替罪羊"。）

在家庭内部的"替罪羊现象"中，大多数家庭成员内心都认为："我们大家都很好，就是那个人有问题。要是我们不能把他改正过来，就要把他排斥出去。"当人们对自我意识感到焦虑时，因为关系过于亲密而产生焦虑时，他们就会诉诸"替罪羊现象"。如果全家都把注意力集中在一个看起来"不太正常"的人身上，其他家庭成员就可以忽略自身的不足和缺陷了。

这种"替罪羊现象"十分普遍。实际上，当一个家庭中出现"问题子女"时，全家的注意力都会集中在这个子女身上，而这往往意味着家里可能隐藏着被人忽视的深层次问题。通常情况下，这个问题往往是父母之间的关系问题，还有他们对彼此关系的焦虑。当然，如前所述，父母自身的焦虑来自他们各自原生家庭中的生活经历。父母双方有些情感或人际关系问题在原生家庭中未能得到很好的解决，这就导致他们在以后的婚姻生活中产生了焦虑。

"替罪羊现象"往往十分微妙和隐蔽。有可能全家人，甚至被当作"替罪羊"的人，都没有察觉到这个现象。从表面上看来，被当作"替罪羊"的人引起了家庭内部的问题。他可能喜欢捣乱，也许会生病，或者性格比较冷漠。而其他家庭成员只不过在"帮助"他罢了。

此外，被当作"替罪羊"的家庭成员往往都不是完全无辜的，这就让事情变得更加复杂了。大多数情况下，被当作"替罪羊"的人常常无意识地充当了其他人想让其担任的角色，甚至故意做一些让全家不高兴的事情。充当"替罪羊"的子女往往对父母之间的分歧最敏感，也最害怕父母分开。正是因为害怕父母婚姻破裂之后自身安全得不到保障，所以充当"替罪羊"的子女会故意为父母提供一个关注的焦点，让他们不再关注双方关系，希望他们继续生活在一起。这样一来，父母就可以忽略他们之间的差异和分歧，反而关注"替罪羊"子女身上的异常现象。

问题

1. 在你原生家庭的兄弟姐妹中，谁参与家里的三角关系最多？谁承担着"问题子女"的角色？

2. 你认为"问题子女"的存在对家庭有何影响（不仅仅是负面影响）？例如，如果没有"问题子女"，你父母的关系将会怎样？他们会不会关注其他人的问题，以避免直面他们二人之间的关系？

3. 在你父母的原生家庭中，谁有可能扮演着"问题子女"的角色？

4. 在一个家庭中，充当"替罪羊"、吸引家庭成员注意的人可以有各种类型。在你自己的家庭中，是否存在下列"替罪羊"的类型：_____自作聪明的人；_____小丑；_____疯狂天才；_____游手好闲者；_____傻瓜；_____社会弃儿；_____圣人；_____罪人；选美皇后。

5. 在你幼年时，有没有被人贴上什么"标签"？有哪些正面的"标签"和哪些负面的"标签"？

6. 这些"标签"对你自我身份的发展和家庭参与程度有何影响？

　　一些家庭中存在着由（外）祖父（母）、父（母）、（外）孙子（女）组成的三角关系。如果（外）祖父（母）对父（母）的影响力有限，他们就会跟（外）孙子（女）组成同盟关系，以加强自己在父（母）面前的地位。在这种情况下，（外）祖父

（母）和（外）孙子（女）会把彼此当作平等、友好的朋友来相处。如果（外）祖父（母）在父（母）面前的权威比较强大，他们和（外）孙子（女）结成同盟的动机就不存在了，所以他们之间的关系一般不会特别亲密。

在某些大家庭中，还有一种由母亲的兄弟、儿子、父亲组成的三角关系。当父亲的权威比较强大，而母亲很难抵御时，这种三角关系就有可能出现。母亲的兄弟也许会介入其中，给这个家庭的儿子提供一些关爱和温暖，并且共同对付强大的父亲。

"分化"过程要求人们从家庭三角关系中解脱出来，从各种同盟中脱离出来，不再加入家庭成员之间的斗争，不再支持相互敌对的任何一方。我们不能为了提高自己的地位，增强自身的力量，或寻求别人的支持，而与别人结成同盟关系。我们必须取得独立自主的地位，根据自己的需要和感受，以个体的身份跟别人打交道。

如果你以"忠诚度"作为行动决策的基础，那么就会处于三角关系之中。如果你跟某人的关系亲近一些，就感到自己对另外一个人"不忠"和"背叛"，那么你处于三角关系之中。

┆示例┆

坎迪斯想要邀请叔叔婶婶参加自己的婚礼，而叔叔婶婶已经和家里断绝关系很久了。祖父母对她说：如果坎迪斯坚持邀请叔叔婶婶来的话，他们就不参加婚礼了。再三权衡之后，坎迪斯表示非常想要祖父母参加自己的婚礼，但同时也想邀请叔叔和婶婶。祖父母一开始责怪坎迪斯不顾多年的养育之恩而"背叛"了他们。后来他们后悔了，也来参加了婚礼。令人吃惊的是，双方都不再提起此事，从此以后继续友好相处。

摆脱三角关系的努力并不一定总能圆满成功。但是无论坎迪斯的亲戚们做出什么选择，她始终坚持自己的原则，并最终从不健康的同盟关系中解脱出来了。

问题

1. 家庭成员之间常常有一种类似"债权人"和"债务人"之间的关系。在你的原生家庭中，你有没有感到亏欠过家里的什么人？或者家里的某个成员亏欠你？
2. 你家里的其他成员如何？你父母在他们各自的原生家庭中又怎样？
3. 这些相互平衡的忠诚关系对整个家庭有何影响？它们又是怎样影响家庭关系的？

世界就是个舞台：三角关系中的各类角色

在三角关系及其内部的同盟之中，存在着三种最基本的角色：迫害者、受害者和解救者。在三角关系不断循环的过程中，这三个角色不一定会同时出现，但是整个过程之中肯定全部包含这三种基本角色。家庭中的每个成员在不同时期会扮演不同角色，原来的迫害者也许会转变为受害者或解救者。例如，在苏的案例中，当苏的父亲（迫害者）对母亲（受害者）发火时，母亲会泪流满面，在苏（解救者）的面前表现得很无助。在苏看来，父亲是在对母亲施暴。于是她过来解救母亲，攻击父亲，指责他太过专横。这样一来，苏自己又变成了迫害者，父亲则成了新的受害者。接着，母亲感到苏对父亲说的话太过分了，于是母亲又充当起了父亲的解救者和苏的迫害者。然后，苏对母亲发火，批评她不该太过软弱，而应该勇敢地站出来维护自己的权益。这样一来，苏又成了母亲的迫害者。接下来，父亲又来解救母亲，指责女儿不该那样对母亲说话，女儿又成了新的受害者。

　　在上述案例中，家庭中的每个成员都可以充当三角关系中的不同角色。这虽然仍体现了一定程度的"融合"现象，但这样的家庭关系往往更健康一些。当特定角色总是与特定人物联系在一起时（例如父亲总是迫害者，母亲总是受害者，而女儿总是解救者），家庭的功能就会紊乱，难以及时做出必要的调整。

　　三角关系中的角色只不过是人们在控制关系远近亲疏的过程中创造出来的衍生品罢了。虽然表面上看来，解救者似乎属于"功能过度"者，受害者是"功能不足"者，而迫害者可以两者任选其一，但是实际上这三种角色都可以是"功能过度"者或"功能不足"者。

受害者在他人面前表现得软弱无助，而且他们的确也认为自己是软弱无力的。但他们实际上常常是一个家庭中最有影响力的人。他们能够成功地吸引别人的注意力，而且其他家庭成员在决策过程中也往往不得不顾及他们。受害者知道如何利用自己可怜无助的状态博取解救者的同情，让解救者对其施以援手。

受害者可以让别人替自己解决问题。如果有人替他们负责的话，他们就用不着为自己负责了。很多人去找心理治疗师，希望治疗师告诉他们该做什么，或者直接让治疗师替他们解决问题。家庭中的受害者们也希望他们的解救者这样去做。

如上所述，受害者可以从自己的角色地位中获得一定好处。此外，受害者还可以转移解救者和迫害者的注意力。有个时时需要帮助的受害者在身边，解救者就不必过分关注自己的自我感受和自我肯定的状态了。同样，迫害者可以把所有问题都推到受害者身上，从而逃避自己的责任。

在大多数情况下，家庭中的受害者几乎总是"自愿"成为受害者，因为这样做在某种程度上会对其家庭有利。这个道理同样也适用于家庭中的"替罪羊"，因为他们大多也是自愿充当这个角色的。通过自己的不良行为，家里的"替罪羊"把全家的注意力都吸引到了自己身上，让家人不再关注那些令人不快的、会对家庭关系造成破坏的问题和事物。如果解救者不再替受害者负责，受害者会认为身边没有"功能过度"者帮自己解决问题，也许从此开始就会对自己负责。

三角关系中最基本的三种角色：迫害者、受害者、解救者

与受害者、解救者一样，迫害者也会感到焦虑不安。然而，迫害者的焦虑不安并不十分明显，因为他们常常看起来非常自信并富有安全感，似乎道德和正义总在他们那边。的确，他们最喜欢用的词汇是：应该、最好、必须、不得不等。与解救者一样，迫害者常常替别人承担责任，这是因为他们总认为只有自己才知道正确的行为方式，他们还喜欢指责别人做得"不够好"（实际上是别人没有按照他们的要求去做）。与受害者、解救者一样，迫害者也认为别人应该为自己的现状负责。当受

害者拒绝接受解救者提供的帮助时，解救者甚至可能转变为迫害者，而这种现象也并不少见。

问题

1. 你的原生家庭中，谁是迫害者？谁是受害者？谁是解救者？

2. 有没有你想充当某个角色却未能实现的情况？结果如何？

3. 你认为父母小时候在各自的原生家庭中扮演了什么角色？

第 7 章

谁是长子或长女：原生家庭中
子女出生顺序与性别序列

露易丝·理查德森

我希望自己能像妹妹凯特那样擅长跳舞。

——A. J. 皮龙

影响我们性格形成的因素有很多，其中就包括我们出生的顺序和性别序列。性别和出生顺序（即我们是父母的第一个子女、最后一个子女，还是出生在中间等）都会影响我们长大之后的自我认知方式，以及我们与家庭之外人们交往的方式。

弗洛伊德是第一个认识到"儿童在兄弟姐妹中的出生顺序对其以后人生道路有很大影响"的心理治疗师。人们很早就认识到第一个出生的子女往往具有一些共同特征，比如他们都属于成就取向型性格，并且具有领导能力。在兄弟姐妹之中出生顺序相同的人往往也有共同特点。有几个姐姐的人跟有几个哥哥的人从小成长环境是不同的，所以会有不同的性格特点。同一对父母的许多子女有可能个性差异很大，这在很大程度上是由兄弟姐妹之间的出生顺序导致的。

本章参考了该领域内许多权威人士的著作，主要依据奥地利心理学家沃尔特·托曼的研究成果，总结了一些不同出生顺序导致的性格特点。托曼考察了数千个"正常"家庭，发现出生顺序和兄弟姐妹性别顺序相同的人往往具有某些类似的性格特征。他的著作《家庭排行顺序》（*Family Constellation*）是该领域研究的经典之作，颇受大众欢迎。

很多其他研究人员也都做过类似的研究，得出的结果跟托曼的实验结果相似。其他一些学者在某些地方与托曼的观点不同，露西尔 K. 福勒，阿尔弗雷德·阿德勒等人在研究这个问题时采用了与托曼不同的方法和角度。

　　由于每对父母的子女数目不同、性别不同，而且子女之间的年龄差距也不同，所以出生序列的变化和组合就有无数种可能。但所有子女的出生序列都是下面几页内容中列举的几种情况的组合。例如，某人出生在几个兄弟之间，那么他的性格就是兄长和弟弟性格的组合。哥哥人数多还是弟弟人数多，以及兄弟年龄差距，将会决定此人更像哥哥还是更像弟弟。

　　性别分布也会让这个问题变得更加复杂。如果一名长子既有弟弟又有妹妹，那么他的性格就跟只有弟弟的长子，以及只有妹妹的长子性格相似。

　　如果兄弟姐妹出生时间相距超过五六年，那么他们就会表现得更像独生子女，但他们也会同那些出生顺序和性别序列相近的人具有类似的性格特点。例如，某家庭的长女有个比她小八岁的弟弟，那么她就会表现得很像一个独生子女（因为她的确曾经做过八年的"独生子女"），但她仍然会与其他有弟弟的长女一样，具有类似的性格特点。

　　当一部分子女出生时间比较集中，而另外一部分子女跟他们出生时间相距较远时，就会出现"小群体"现象。每个小群体中的成员与具有类似出生顺序和性别序列的其他人具有相似的性格特点。例如，在某个家庭中，父母首先接连生了三个女儿，然后过了六年又有了两个儿子（两个儿子出生时间相距两年）。在这个家庭中，最小的儿子与那些有几个哥哥的幼子性格相仿，反而不像那些有几个姐姐的幼子。几个"小群体"的子女出生时间相隔越长，这种情况就越明显。子女之间年龄差距越小，他们之间的相互影响就越大。

这些关于出生顺序和性别序列的描述并不意味着每个人都应该如何，仅仅意味着大多数出生顺序和性别序列相同的人在通常情况下应该具有某种相同的性格特征。这些共同的性格特征是描述性的，而不是必然如此。我们在本书中讨论这些问题是为了让你了解自己性格中的某些方面是如何产生的，以及你家庭中的某个成员为什么会采取某种特定的行为方式。在否认我们的观点之前，请你保持开放的态度，仔细审视自己的性格特点。也许我们的描述不符合你的性格特点，但是如果符合的话，我们的描述将帮助你改变自我。

如果你能认识到自己与配偶在各自原生家庭中的出生顺序如何影响夫妻关系（或你父母各自的出生顺序如何影响他们之间的关系），这将非常有助于改善你的家庭关系。在其他条件相同的情况下，有些夫妻常常比其他夫妻的关系更为和睦，仅仅是因为夫妻双方的出生顺序和性别序列相互契合。这里"相互契合"指的是跟夫妻二人在婚姻生活中扮演的角色与他们儿时在各自原生家庭中的出生顺序和性别顺序相符合。例如，如果妻子有几个兄长，而丈夫正好有几个妹妹，那么他们之间的关系常常最为融洽。双方都会对这种特定的性别和年龄关系感到满意。

兄弟姐妹之间的出生顺序往往会影响我们对人生的基本观

点。我们在出生顺序中的位置和地位对以后的生活也至关重要。因此，成年之后，如果我们仍然能够维持这种地位，那么会在成年关系中感到非常轻松。如果成年之后，我们所处的地位与儿时所熟悉的地位差距很大，那么也许会很难应对。即使我们原来所处的状况并不那么好，但至少是熟悉的状况。比起"陌生的魔鬼"来，我们更喜欢"熟悉的魔鬼"，因为我们往往能更好地对付熟悉的困难和问题。

"小妹与长兄式"的夫妻组合常常十分成功，这并不是因为他们之间有什么特殊的优秀品质，而是因为夫妻双方都很适应这种组合方式。他们知道应该如何与对方相处。即使他们之间也会存在问题，但是同样的问题放在其他家庭里也许会更严重。

与此相反的一种情况是几个姐妹中的长女与几个兄弟中的长兄之间的结合。在这种情况下，夫妻双方都是各自原生家庭中的老大，也都是兄弟姐妹中的"权威人物"。他们不熟悉如何与同辈的异性家庭成员相处。这样一来，夫妻之间就很有可能因为争夺家庭内部的控制权和缺乏相互理解而产生矛盾。

如上所述，夫妻二人最好的组合方式应该是夫妻双方的角色与其在原生家庭中的出生和性别顺序特征相符合，但这并非是人们在寻求伴侣时所采取的标准。在寻找伴侣的过程中，我们一开始常常会被那些与自己有很多相同点的人所吸引。因此，两个原生家庭中年纪最长的子女也许会彼此吸引、惺惺相惜，有着共同的不快与困难。他们此时也许会感到自己找到了知音。在一起生活一段时间之后，他们会发现：也许夫妻二人的确有很多相似之处，但性格常常不和，会因为争夺家庭的统治权而发生矛盾和冲突。

　　当然，对于大多数人来说，现在去找出生性别顺序跟我们互补的伴侣或配偶，已经太迟了。我们大多已经做过了选择，并且很难改变。不过，即使你和伴侣的关系不那么融洽，也还有希望：只要付出更多努力来克服这种障碍就可以了。在夫妻双方出生性别顺序不能很好互补的婚姻关系中，了解这种家庭矛盾产生的根源，能帮助人们更好地解决问题。在一个家庭中，仅仅是夫妻双方的出生性别顺序就可能造成极大的差异和不同，所以有些家庭矛盾并不能怪任何人。明白这一点会对改善家庭关系有很大帮助。这只是夫妻之间的一种差异罢了，只不过这种差异比其他差异更难应付。假如你是有几个弟弟的长兄，而你妻子是有几个妹妹的长女，你们婚后很有可能因为争夺家庭权力发生矛盾和冲突。一旦你明白了这一点，双方再起争执时，就可以避免相互指责，反而认为这是夫妻双方出生性别顺序不能互补造成的现象。明白这个道理之后，当你发现夫妻二人在自己家里还像原生家庭中的大哥、大姐那样行动时，也许会对自己的行为感到好笑。虽然上述研究的范围有限，仅局限于异性伴侣之间的关系，但似乎出生性别顺序和位置（例如长子、长女或幼子、幼女等）也会影响同性恋人之间的关系。同性关系中，两个小妹的组合比大姐跟小妹的组合往往要有更多的麻烦。

长大成人之后，我们交往的各种朋友也是如此。跟我们相处融洽的朋友往往是出生性别顺序跟我们互补的。如果朋友之间出生性别顺序不能互补，那么往往会引起各种不快。

┊示例┊

琼和阿尔拉是邻居，常常喜欢待在一起。她们都对本地政治感兴趣，而且子女年龄相同。但她们在很多问题上也有截然不同的看法，特别是在有关男性的问题上，尤其是对配偶的看法更加不同。阿尔拉常常替男人的各种行为辩护，例如丈夫对她不好，她却替丈夫找借口。阿尔拉还反对女权主义运动。琼认为阿尔拉丈夫的行为十分恶劣，很难理解为什么阿尔拉能够忍受丈夫的暴行。其实，阿尔拉在原生家庭中是大姐，有两个弟弟（因此她习惯于照顾和迁就男性），琼则是独生女（所以对自己和其他女性的权利非常关注）。考虑到二人不同的出生和性别顺序，这对朋友之间的差异也就不难理解了。

出生和性别顺序是否互补还会影响父母和子女之间的关系。例如，如果父亲是有几个弟弟的长兄，而儿子是有几个哥哥的幼弟，那么父子之间的关系就会比较亲密。但是，如果父亲是有几个弟弟的长兄，而儿子是有几个姐姐的幼弟，那么父子之间的关系就不会特别融洽。

　　了解父母在其兄弟姐妹之间的出生性别顺序，有助于理解父母的行为方式。例如，原生家庭中年纪最小的子女往往很少有机会照顾他人，所以他们为人父母后会遇到更多困难。在通常情况下，如果父母在其原生家庭中是最小的子女，他们往往会希望子女能够承担起家庭的责任。

　　有些人认为对出生顺序特征的描述听起来简直就像星相学一样玄乎，但是研究者们的实验表明这些描述大体上是可靠的。实际上，没有任何人的性格会跟这种描述完全一致，这是因为家庭中还有很多可变因素影响着每个人的性格特征。家庭中的这些可变因素会在本书的续集《出生顺序与你》（*Birth Order and You*）中详细探讨。该书对此问题做了更为深入的探讨，并且给出了更多的案例，其中很多都是名人的故事。

　　读了本章之后，大多数读者会认为书中对出生顺序特征的描写跟他们的情况几乎完全吻合。有些读者则根本没有意识到这一点。第二类读者可以把本书中对性格特征的描述念给伴侣或好友听，然后问一问他们，在他们眼中自己是否符合书中的描述。这是因为我们有时甚至对自己的性格特点都不太了解。例如，丈夫有可能会说："这些描述完全符合我妻子的情况，却根本不符合我自己。"但妻子也许会说同样的话。因此，你需要客观看待自己，才能认识到这些描述的准确性。如果别人都认为这些描述并不适合某个特定读者，那么就需要进一步探讨影响其性格形成的其他可变因素了。

长子或长女

　　这里的"长子"或"长女"都是指家庭中第一个诞生的子女。一个家庭中的长子或长女最初应该算是"独生子女"。但是他们才刚刚适应了这种父母面前独一无二的地位，就被新生的孩子取代了。如果第二个子女出生时长子或长女年龄不满五岁，那么这对于他们来说将是一个巨大的打击。如果超过五岁，长子或长女已经在家庭外部的世界找到了自己的位置，身份感也已经比较成熟，受到的威胁就相应要小一些。

　　如果第二个子女与长子或长女的性别不同，那么长子或长女的负面反应会小一些。因为他们与第二个子女之间的直接竞争较少，所以我们这里描写的长子或长女的性格特征会表现得不那么明显。

　　如果第二个子女与长子或长女性别相同，那么长子或长女在心理上感到的威胁会更大一些。这样就导致了在长子或长女身上常见的一种行为模式：他们会努力在父母面前表现得很好，希望父母喜欢他们，而不是他们的弟弟或妹妹。父母们往往也会无意中强化这种模式，例如他们常常说长子或长女比新生的弟弟妹妹长得更高大、头脑更聪明等，虽然新生的弟弟妹妹现在已经吸引了父母的绝大部分关注。父母也希望长子或长女给弟弟妹妹树立一个好榜样：做一个"大孩子"，并且帮忙照顾年幼的弟妹。这样一来，长子或长女往往具有某些父母才有的特征；他们会照顾人，能够承担责任，并且具有领导能力。美国历史上有一半的总统都是男性长子，美国的 23 位宇航员中有 21 位是长子或长女。

长子或长女的这种责任感也许会成为一种负担，让他们变成吹毛求疵的"完美主义者"或喜欢过分担忧的人，使他们不敢犯错误，也不敢让父母或其他权威人物失望。如果某个家庭中衡量成功的标准是犯罪，那么长子或长女也许就会成为犯罪高手、黑手党的"教父"，或者像希特勒那样疯狂的"大独裁者"。

长子或长女倾向于追求高度的成就感，这会让他们的性格变得更为紧张、严肃和保守，还会让他们变得不那么活泼。他们通常工作很努力，无论做什么事情都很认真负责，但有时很难接受别人的批评。

初为父母时，人们往往会有一种新鲜感。对于长子或长女来说，父母的新鲜感是一种独特的影响，影响了他们人生最初的阶段。对于第一个孩子的出生，父母常常十分兴奋、满怀期盼。他们会仔细观察婴儿的各种变化。长子或长女发出的第一个微笑、说出的第一个词语、迈出的第一步等，都会让父母惊叹不已，甚至还会把这些全都记录下来。但是对于那些后来出生的孩子来说，父母往往会对他们的生长过程感到习以为常。越是后来出生的子女，父母对其成长过程关注得越少，而且不会对他们在早期成长过程中取得的成就给予足够的赞扬。第一个孩子却是父母的"伟大实验"，父母也不知道自己到底在做什么。就像一位剧作家所说的那样："孩子就像华夫饼一样，你要把第一个扔掉。"

长子或长女往往与父母相似，并且认同父母的价值观，最后常常会变成家庭现状的维护者。他们会首先维护家庭的传统，强调弟弟妹妹的品德操守，还会试图把这些家庭内部的规矩强行推广到外部世界中。他们也许会变得非常顽固，不愿意做出任何改变或妥协。

长子或长女在交友时往往比其他人更加困难，部分原因是他们习惯使用权威来达到自己的目的，部分原因是他们大多比较含蓄和过于严肃。他们常常只有一个密友，对别人的怠慢很敏感，并且很难容忍别人的错误。

弟弟妹妹的数目，以及他们的性别都会对长子或长女的性格发展产生至关重要的影响。如果弟弟妹妹与长子或长女的性别完全相反，那么我们上述列举的性格特征就会变得不那么明显。如果弟弟妹妹与长子或长女的性别完全相同，尤其是有两个或两个以上弟弟或妹妹时，我们上面列举的特点会变得更加突出和明显。

◎ 有几个妹妹的长女

有几个妹妹的长女往往聪明、强健和独立，并且善于照顾自己和他人。她常常做事井井有条，有时候会盛气凌人，也许还不愿意接受别人的帮助和建议。她的性格外向且自信，或者至少表现得十分外向和自信。她常常对所有事物都有自己的看法，并且认为自己的看法是正确的。她常常表现很好，而且很爱干净，而这样做往往是为了获得父母的好感。

在通常情况下，长女的妹妹越多，婚姻就越不幸福，她甚至有可能根本就不结婚。最适合她的配偶是原生家庭中有几个姐姐的男性，因为这样的人已经习惯于在生活中服从强势的女性。这样一来，她就可以照顾丈夫，并且按照自己的意愿安排他的生活，而不会受到太大的反对。如果某个男性在原生家庭中有几个哥哥，那么他也许会愿意接受长女的领导。独生子有时候也适合做长女的配偶，因为他不习惯与同龄人交往，所以会把她当作母亲一样的角色来对待。对于长女来说，最坏的配偶莫过于有几个弟弟的长子，因为他们都想掌握家庭大权，所以会纷争不断。因为他们在各自的原生家庭中都没有学会如何与家里的同辈异性打交道，所以会觉得男女之间的差异很难理解。因此，他们会相互评论对方："所有男人（女人）都是这样或那样。"有几个妹妹的长女生过孩子之后，就会对配偶失去兴趣，而把所有精力用于抚育子女。在孩子面前，她会是一个过于强势、过度保护的母亲，但是照顾孩子时又无微不至。而她也更喜欢女儿。

对于有几个妹妹的长女来说，她最好的朋友往往是原生家庭中的妹妹，可以是最小的妹妹，也可以是排在中间的妹妹。她也许会与其他原生家庭中的长女有很多共同点，并且相处得不错，然而一旦涉及某项合作，双方之间就会发生权力争夺。

◎ 有几个弟弟的长女

有几个弟弟的长女常常是体魄强健、性格独立的女性。她往往比较实际、比较理智，自我意识健全，但有时也会表现得有些含蓄或压抑。

对她来说，男人是世界上最重要的东西，也是她"最宝贵的财富"。她的弟弟越多，就越是这样。她也许会自愿放弃工作，去照顾自己的配偶，为配偶确立人生目标，料理整个家庭，并照顾所有子女。

男性比较喜欢有几个弟弟的长女，因为她有宽容的胸怀，不会跟男人竞争，还会让男人想起自己的母亲。但这样也可能导致男性不想跟她发生一段浪漫的感情。如果她有很多弟弟，那么她往往很难一下子找个男人就嫁了。相反，她在婚前会与很多男性交往。即使在婚后，她也会以某种形式与其他男人交往，充当他们的"庇护者"。

她最合适的配偶往往是原生家庭中有几个姐姐的男性。这种组合会让双方都感到舒适且熟悉。当配偶需要时，她可以给予指引和照顾。原生家庭中有几个哥哥的男性常常也愿意接受她的领导，但有时这样的男性不太善于与女性交往。

对她来说，有几个弟弟的长子往往不是很好的配偶，婚后双方会因为争夺家庭权力而发生矛盾。有子女之后，家庭内部的紧张局面也许会得到一定程度的缓解，因为他们都喜欢身边有一群小孩围着。

有几个弟弟的长女通常喜欢生养子女，因为子女是其"第二宝贵的财富"（如果她有几个儿子的话，那么儿子就是她最大的财富）。

如果她有女性朋友的话，那么她的女性密友常常是在原生家庭中有几个姐姐的妹妹，可以是最小的妹妹，也可以是排在中间的妹妹。独生女也可以成为她的好友。

在工作中，有几个弟弟的长女往往是个性情随和、乐于合作的人，虽然有时候可能不会特别努力。当工作中出现矛盾时，她会充当冲突双方的协调人，而不会霸道地干涉别人。她也许会向男性上司巧妙地提出改进意见，然后把功劳留给自己的上司。如果处于领导岗位，那么她往往小心翼翼地行使职权，很讲究领导艺术，喜欢把任务分配给下属去做——这常常是因为她认为这些工作根本不值得浪费自己的时间。

◎有几个弟弟的长子

有几个弟弟的长子往往是领导型的人物。他们天生善于领导别人，喜欢掌控生活中的各个方面。他对自己和自己的财产总是十分小心在意。他也许会成为一个完美主义者，例如总是要把屋子打扫得一尘不染，或者总想赢得每场比赛。

他做事往往必求成功。他有可能跟别人（尤其是男性）相处得不错，却跟任何人都不是特别亲密。但他不会承认这一点，也不想跟任何人特别亲密。他想要女性像母亲一样照顾他。他期望妻子给予他很多东西，却很少给予妻子什么东西。

他最适合的伴侣是有几个哥哥的小妹妹。这样女性也许是个"假小子"，常常很机灵，也很喜欢跟男性交往。但是如果他们之间的关系要想和谐的话，妻子必须投合丈夫的喜好。这对于有几个哥哥的小妹来说，常常很难做到。

有几个弟弟的大姐对他来说也很适合，因为这样的女性往往充满母性。如果双方发生冲突的话，那么常常是关于谁的观点是正确的，而几个弟弟的大姐也会一直迁就他。对于有几个弟弟的长子来说，最不适合的配偶是有几个妹妹的长女，他们会因为争夺家庭权威，以及性别差异等原因发生冲突。他们之间的关系就像两个君主不得不住在同一个城堡里。

在工作中，他常常会接受一个男性上司的权威，仿效上司的行为，并且试图夺取上司的职位。他很有可能成为一位律师、牧师、经济学家、政客、宇航员、公司总裁，或者一个国家的总统。

◎ 有几个妹妹的长子

跟有几个弟弟的长子相比，有几个妹妹的长子往往更随和，也更风趣。他认为生活和爱情都是至关重要的。他也许会成为一个"快乐至上主义者"，但是他常常会很体贴，也很无私。

他很喜欢女人，而且对女性都很耐心细致。他几乎跟所有女性相处得都很不错，但最适合他的配偶是有几个哥哥的小妹妹。因为这样的组合与他从小所熟悉的情况几乎完全一致。如果他娶了有几个弟弟的长女，那么双方之间有可能会因为争夺家庭权威而发生冲突，但孩子的诞生会减少双方之间的矛盾。有几个姐姐的小妹妹也许会服从他的权威，但他会认为对方太不活泼。对于他来说，最不恰当的配偶似乎是有几个妹妹的长女，不过双方也有可能会融洽相处，因为他有取悦所有女性的魅力。

在婚姻和家庭中，他认为妻子比子女更重要，但也会是一位称职的好父亲：对子女很关心，但不会过于严格。

有几个妹妹的长子并不善于与男性打成一片，但他也会跟大多数男性友好相处。一般来说，妹妹越多，他就越难和同性结交朋友，也越难在一生中只跟一个女人交往。

在工作中，他会是一个好员工，尤其是工作环境中有很多女同事的情况下。他也乐于担任领导职务，还会是一个随和的上司。他想要员工完成任务，但不希望员工失去工作的乐趣。

如果工作环境中有很多女性的话，他将会非常喜爱自己的工作。此类的工作常常包括剧团、芭蕾舞团，以及教会等。他也许会善于从事公共关系和广告之类的业务，但他最合适的工作应该是儿科医生、妇科或产科医生。

幼子或幼女

　　一个家庭中最小的儿子或女儿在某种程度上和独生子女很像，因为他们再也没有被更小的孩子替代过。他们常常是家里的"宝贝儿"。有些时候，即使他们年龄很大了，也常常看起来很年轻，或者很幼稚。即使早已经过了婴儿期，家庭仍然会把他们当作"小宝贝儿"。

　　因为是家里的"宝贝儿"，所以他们在家里的地位往往很特殊。他们身上有很多长子长女，或出生顺序排在中间的子女所没有的特殊品质。他们往往能够获得大家的关注，因为家里其他人都会感到有责任照顾最小的子女。与家里其他子女相比，他们往往受到更多的宠爱，但并不总是会被家里人宠坏。他们总是期望从生活中获得美好的东西，所以常常成为积极向上的乐观主义者。

　　最小的子女出生时，父母已经有了丰富的育儿经验，所以他们不会因为婴儿在成长过程中取得的进步而感到惊叹，也没有了初为父母时的紧张。有些父母会坐视最小的子女自由成长，并且享受这个过程；有些父母则对生儿育女早已厌倦，对最小子女的成长过程比较忽视。无论出于何种原因，父母往往对最小子女的期望较小，而且对他们施加的压力也较小。因此，正如你能猜到的那样，最小子女取得的成就往往也比较小。他们常常缺乏自控能力，并且很难做出恰当的决断，因为在其原生家庭中总有更年长、更有智慧的人替他们料理一切。长大之后，他们仍然希望别人（例如其配偶）来替他们解决生活中遇到的各种问题。或者他们会走向另外一个极端，拒绝接受别人的帮助，并且怨恨提供帮助的人。

他们在生活中往往没有很高远的志向，并且最不愿意遵循家族的传统（除非其他子女都不遵守家庭的传统习惯）。如果让他们自己决定的话，他们往往会投身到有创造性的艺术事业中。

如果他们在生活中受到太多的压迫、管制和戏弄，就会变得具有逆反心理，长大后也许会立志为社会弱势群体的利益而奋斗。他们喜欢打破社会规则、抨击社会等级制度，但并不会与之发生直接对抗。他们常常对生活采取一种历险式的态度，并且喜欢尝试新事物。

因为在原生家庭中是最小的，所以他们从小就认识到好勇斗狠并不能让自己得偿所愿。于是，他们学会了用颐指气使的方法来操纵别人——要么噘嘴发脾气、要么用魅力感动别人，以达到自己的目的。

从某种程度上来说，他们在生活中总是想要赶超年长的兄弟姐妹，但是除非他们投入到一个完全不同的工作领域，或者换一种完全不同的生活方式，否则很难成功。他们只有在适合自己的领域内才能取得人生的成就。

他们也许会反抗权威，但常常是权威的追随者，而不是领导者。只要愿意，他们会非常乐于取悦领导。如果他们偶然走上了领导岗位，那么下属会很喜欢这样的领导，但也会轻慢他们的权威。从根本上来说，最小的子女虽然会反抗社会既定的规则，但他们常常还是要依赖于别人。他们常常会找比自己年长一些的配偶，但是又不喜欢被年长的配偶控制。

如果幼年时比较幸福，那么他们长大后的性格往往很友善、随和，并且受人欢迎。如果幼年时常常受到恶意捉弄，那么他们长大后与别人相处时会比较害羞和易怒。

◎ 有几个姐姐的幼妹

有几个姐姐的幼妹常常一生都会显得有点儿幼稚。无论她多大年纪，也常常表现得随心所欲、乐观快乐，并且具有冒险精神。她们也可能有些吹毛求疵和反复无常，有些人可能还会觉得有点儿令人厌烦。

她们比较喜欢竞争，尤其是喜欢与男性进行竞争。她们通常也很喜欢在男性面前卖弄风情，尽情展现自己的女性魅力。与男性恋爱时，有几个姐姐的幼妹也许会模仿大姐，把自己打扮得更漂亮，也希望比姐姐更早结婚、更早生儿育女。

她最适合的配偶应该是有几个妹妹的长兄，因为有几个妹妹的长兄可以掌控她的行为，看穿她颐指气使的操纵行为。有几个弟弟的长兄也和她比较适合，但是有几个弟弟的长兄不太适应和她这样有几个姐姐的幼妹打交道，因为他没有和同龄异性建立亲密关系的经验。

最不适合她的配偶应该是有几个哥哥的幼弟。他们之间往往会发生很多冲突，因为谁都不会照顾对方，而且都没有与同龄异性共同生活的经验。

她对抚育子女并不太感兴趣，常常需要别人帮忙照看孩子，有时候是丈夫或母亲，有时候需要花钱雇人。但是，她在子女面前会是个平易近人的母亲，这就很受孩子们的欢迎。她最要好的朋友应该是有几个妹妹的长女。她的姐姐越多，就越关注自己与女性朋友之间的关系，而不在意男人和婚姻。不过，她还是会努力吸引男性的注意。

在工作中，如果有年长的男性或女性同事愿意指导她发挥自己的特长，那么她会表现得很好。否则她的工作业绩将会很不稳定。如果她从事的工作需要很高的专业技能，但并不需要太多思考，例如秘书和电台播音员，那么她取得的成就往往会最高。她有时候也会有一定的创造力，但往往反复无常，令人难以捉摸。她也许会讨厌过于强硬的领导，但她自己不会是一个领导者，而且常常很难做出决断。

◎ 有几个哥哥的幼妹

有几个哥哥的幼妹往往会成为一个性格随和、开朗乐观、风趣幽默且富有吸引力的女性。在其原生家庭中，因为与哥哥截然不同，所以常常会受到特别照顾。通常情况下，她一生都会受到别人的特殊照顾，似乎不必付出太多努力，就能让一切顺心如意。

她也许会变成一个"假小子"，有时甚至会对男性产生一定的愤恨，并且喜欢与男性竞争。但是男性很容易被她的美貌与随和吸引，纷纷围绕在她身边，她也很喜欢男性。她的哥哥越多，在生活中就越难以与一个男人建立稳定的两性关系。

但她最后往往还是会获得幸福的婚姻，并且把丈夫当作自己宝贵的财富。在婚姻生活中，她有时候会过于顺从，有时也会变得自私。除了丈夫，她身边常常还会有几个蓝颜知己，或男性的良师益友。

对于原生家庭中有几个哥哥的幼妹来说，最合适的配偶是有几个妹妹的长兄。这样的男人知道如何与女性相处，也知道如何取悦迷人的女性。她通常在男性身边很有安全感，而且也最有可能找到自己理想的伴侣。她常常会巧妙地避开有几个弟弟的长兄，因为这样的男人会被她的魅力吸引，却不会为她的魅力所折服。最不适合她的配偶应该是有几个哥哥的幼弟，因为他们都需要别人照顾，而且这样的男人往往也没有耐心去考虑双方之间的性别差异。

　　她生儿育女也许仅仅是为了取悦丈夫。但她通常会是一位好母亲，甚至会让儿子对她产生依恋情结。

　　对于原生家庭中有几个哥哥的幼妹来说，女性朋友并不重要。而其他女性往往会对她产生嫉妒之情。

　　她往往并不是一个严肃的职业女性。她最适合做一名职员，在一名年长男性上司的领导下工作，才能发挥最大的才能。

◎ 有几个哥哥的幼弟

　　有几个哥哥的幼弟就像是杂技表演中大胆的空中飞人。他往往刚愎自用，反复无常，还常常十分叛逆。很多暗杀刺客就是原生家庭中有几个哥哥的幼弟（例如约翰·威尔克斯·布思、李·哈维·奥斯瓦德，以及瑟罕·瑟罕）。

　　他总是令人难以捉摸，心情一会儿好一会儿坏。也许他某次做事很成功，下次却会把同样的事情搞砸。他不喜欢提前做出安排和打算，而喜欢"活在当下"，只顾满足自己眼前的欲望。这就让他显得总是很有灵活性。

　　如果生活一帆风顺，他会无忧无虑，而且脾气很好。他还会变成一个神秘主义者，或浪漫主义者。如果事情进展不顺利，他就会直接选择退出，因为他不喜欢失败。他喜欢从别人那里接受东西，长大之后常常会挥霍自己的金钱。

　　原生家庭中有几个哥哥的幼弟在通常情况下都很合群，但在女性面前比较羞涩。他和同龄的女性接触不多，所以常常有点儿害怕女性，并且不了解她们。他有时候太过拘谨，在女性面前显得有点儿手足无措。他有时还会在女性面前扮小丑。有几个弟弟的长女是最适合他的伴侣，如果她充满了母性，那效果就更好了。只要这样的妻子对他干涉得不太过分，他也愿意让妻子掌控自己的生活。对于原生家庭中有几个哥哥的幼弟来说，出生顺序排在中间，并且有几个弟弟的女性也是很适合的配偶。最不适合他的伴侣应该是有几个姐姐的幼妹。如果他娶了这样的妻子，婚姻生活将会很困难，因为夫妻双方都不知道如何与同龄异性生活在一起，而且双方都不愿意照看家庭和孩子。生儿育女对他来说也许是个负担，但他会是孩子们的好伙伴，尤其是男孩，因为他很容易和孩子们玩在一起。

　　对于有几个哥哥的幼弟来说，男性朋友往往比妻子和孩子更重要。在工作中，与其他员工展开竞争，或者有上司监督时，他会表现得最出色。他在工作中常常亦步亦趋。如若不然，他就会想出一些稀奇古怪、令人难以接受的改进建议。在幼年成长过程中，他难以在智力方面赶上哥哥，所以就把精力投入到各种运动之中，如跳舞和各种体育活动等。有时他也会把精力投入到富有创造性的活动中去，如艺术创作和表演等。

◎ 有几个姐姐的幼弟

在原生家庭中有几个姐姐的幼弟常常一生都会受到女性的照顾。在大多数情况下，他也会安之若素。如果他的姐姐控制欲太强，或者对他太专横，他也许会变得叛逆。如果他可以独立自主、自作主张，那么就会树立很强的自尊心和自信心，甚至理所当然地认为女性都应该喜欢，并且迎合他。

有几个姐姐的幼弟在幼年时会受到家庭的溺爱。这不仅仅因为他是最小的孩子，还因为他很"独特"（家里唯一的儿子），甚至也有可能因为父母一直以来都想生个儿子。一些调查数据表明：有些父母希望自己至少能有一个男孩儿，而且他们会不停地生育，直到生出儿子为止。正是由于这种特殊地位，他常常不会为了出人头地而努力奋斗。他也许很有能力，却不愿意劳心费力地努力工作。如果他对自己所做的工作非常感兴趣，而且在这个方面的确很有才华，那么他往往会成为自己工作领域内的专家，尤其是妻子可以在家好好照顾他的时候。但是他常常难以在最后期限之内完成任务，也常常在工作中"跑偏"。当工作有严格的规定限制，或不需要自我鞭策时，他往往表现得最好。

他的情绪也许会很多变，但大多数时候都会表现得和蔼可亲。如果原生家庭的氛围比较好，那么他常常一生都很依恋姐姐。他的姐姐越多，就越难很快地找到一个关系稳定的伴侣。他一般都会快快乐乐地结婚，而且会有许多女人供他选择，因

为她们都愿意取悦他，他却不愿意为她们付出太多。最适合他
的妻子应该是有几个弟弟的长女，因为这样的妻子善于照顾男
性，并且愿意作一个"伟大男人背后的女性"（无论她的丈夫是
否真的属于"伟大男人"）。但是无论他跟谁结婚，他的姐姐都
会愿意继续照顾他。

　　生儿育女之后，他也许会把孩子当作自己家里的"入侵
者"，会把儿子视为竞争对手，所以常常和女儿的关系更为亲
密。如果家里没有孩子，他也会感到很高兴；如果家里有了孩
子，妻子可能就要独自承担起照料子女的全部重任。如果他的
妻子在其原生家庭中也是最小的子女，那么他们可能谁都不愿
意承担抚育子女的重担。在这样的情况下，他们没有子女时才
过得最好。

出生顺序居于中间的子女

　　无论是三个子女中间的那个，还是四个或四个以上子女中
间的那几个，出生顺序居于中间的子女，其性格特点都非常难
以描述。他们比弟弟妹妹年长，又比哥哥姐姐年幼。因此，他
们最后往往没有养成独特的个性，个体身份感也不是非常清
晰。年龄最大的子女第一个降生，年龄最小的子女是全家的
"宝贝儿"，所以他们在原生家庭中都有独特的角色和地位。与

之相反，出生顺序排在中间的子女却没有类似的独特地位与角色。一些家庭调查表明：在三个或三个以上子女的家庭中，最大的和最小的子女往往在家里最受欢迎。

实际上，出生顺序居于中间的子女情况是十分多样的，这是因为他们的年龄、出生顺序、性别，以及兄弟姐妹的数目都是不同的。他们的情况多种多样，这就让我们无法分别展开探讨。但是一般来说，出生顺序居于中间的子女性格往往与年龄相仿的兄弟姐妹最像。换言之，如果他（或她）与长子、长女的年龄较为接近，或者在四个（或四个以上）兄弟姐妹中排行第二，那么他（或她）的性格就会很像长子或长女。如果在兄弟姐妹中出生较晚，那么他（或她）的性格特点就会与幼弟、幼妹相似。如果在兄弟姐妹中的出生顺序正好居于中间，那么他（或她）就会兼有长子、长女和幼弟、幼妹的性格特点。

出生顺序排在中间的子女与长子或长女不同。他们不曾单独占有过父母的关怀，也不曾从父母那里获得过太多的关爱。他们出生较晚，父母此时已经熟悉了生儿育女的过程，所以他们生长的环境氛围比较轻松，父母的情绪也较为稳定。这种环境对他们的成长大有裨益，但是他们在家里的地位很快又被弟弟妹妹取代。这样一来，出生顺序居于中间的子女就不得不与更年长、更强壮、更聪明的哥哥姐姐，以及更年幼、更可爱，也更依赖父母的弟弟妹妹展开竞争。因此，他们要么选择模仿哥哥姐姐，要么选择仿效幼弟幼妹，要么努力塑造自己的独特性格。而他们常常在这三种选项之间摇摆不定，犹豫不决。成年之后，他们往往做事并不十分主动，而且很难独立思考。一般来说，他们在学习上往往难以取得很好的成绩，而且在一家的兄弟姐妹之中最难以考上大学。

出生顺序排在中间的子女既没有长子长女的权威，又没有幼弟幼妹的特权，所以他们往往觉得生活很不公平。亚马逊图书网上一名评论者对本书第一版提出的意见就是一个很好的例子。这名读者在其原生家庭中显然是个出生顺序居中的子女，所以他对本书中的相关描述十分抵触，对本书的内容只给了"一星"的评价。而在总共 14 名评论者中，其余的 13 名都给本书打了"四星"或者"五星"。也许这就是出生顺序居中的子女对本书描述感到"不公平"的表现。

还有一些读者认为本书对出生顺序居中的子女描述得太少。这是因为在本章中可以把他们归于"较年长子女"或"较年幼子女"的类别，所以不用在这里浪费材料。从这个意义上来说，也正是因为如此，出生顺序居中的子女适合各种类型的描述。

出生顺序居中的子女没有长子和长女与生俱来的权威，也没有幼子和幼女身上的活泼自然，但是他们善于和形形色色的人打交道。这是因为他们在原生家庭中学会了如何与具有不同个性的哥哥姐姐、弟弟妹妹和平相处。他们通常对每个人都很友好，而且愿意跟人交朋友。他们可以成为很好的谈判家、外交官、秘书、理发师、运动员和饭店服务员，因为这些工作需要与人相处的技巧，而不需要太过咄咄逼人。因为他们也渴望获得别人的关心和关爱，所以也许会投身娱乐业。

兄弟姐妹之间的年龄差距和性别分布对于出生顺序居中子女的性格发展有至关重要的影响。原生家庭中有一个哥哥和一个妹妹的男性，与原生家庭中有一个姐姐和一个弟弟的男性，在个性特点上是非常不同的。

如果原生家庭中所有子女的性别都相同，那么出生顺序居中的子女将处于最为不利的地位。在这种情况下，他获得的关注最少，而且不得不承受最大的竞争压力。这样的状况会导致出生顺序排在中间的子女性格变得不确定，因为他的性格将是长子、长女和幼子、幼女性格特征的均衡混合。这样一来，他将会感到焦虑和自我矛盾。

如果出生顺序居中的子女与原生家庭中其他子女的性别都不同，那么他将在原生家庭中获得最多的关注。但是这种情况也许会让他受到过度的溺爱，甚至导致其成年后难以顺利结婚，因为原生家庭中那种众星捧月似的情况在婚姻中是无法再现的。这种情况还会导致出生顺序居中的子女难以和同龄人结交朋友。

┊示例┊

罗莎莉·维森在五个姐妹中排行第三，正好处于出生顺序的中间位置。她的两个姐姐关系很亲密，两个妹妹相互之间也很亲近，只有她自己感到孤独无依。因此，长大成人之后，她希望远离家乡，就是为了以后不再被人称为"维森家的女孩儿"。选择目的地时，她查了查主要城市的电话号码本，特意选择了一个电话本上没人姓维森的城市搬过去。这正是罗莎莉摆脱原生家庭影响的努力，逐渐树立自己独立人格和身份的过程。

* * *

另外一个出生顺序排在中间的女孩儿，她也有两个姐姐和两个妹妹。但是她把自己在原生家庭中的身份定位成"姐妹们的中心"，让姐妹们"围着她转"。她协调解决姐妹们长久以来形成的积怨，帮助她们求同存异，让她们和好如初。很多年过去了，姐妹们早已天各一方，但她仍然维持着相互之间的联系，还总是组织"姐妹聚会"，姐妹们欢聚一堂，在游艇上或度假胜地度过一周的美好时光。

兄弟姐妹之间的变化和差异越大，就越难对出生顺序排在中间的子女做出恰当的描述。例如，一名女性有一个哥哥和一个妹妹，她的性格将是有哥哥的幼妹与有妹妹的大姐性格特点的结合。根据兄弟姐妹之间的不同年龄差距，她也许会像前者，也许会像后者，但是都很难确定下来。如果在原生家庭中，既有哥哥和姐姐，又有弟弟和妹妹，那么出生顺序排在中间的子女的性格特点将很难用本书中的内容进行概况。这种人将会是十分独特的。

独生子女

没有兄弟姐妹的独生子女面临着最好和最坏的可能。在原生家庭中，他们永远是最年长的子女，同时也是最年幼的子女。因此，他们身上也许有许多长子、长女的性格特点，但即使到了成年，他们也可能仍然显得有些幼稚。

与其他类型的子女相比，父母在其兄弟姐妹之间的出生顺序对独生子女造成的影响最大。独生子往往具有父亲的性格特点，独生女则与母亲的性格特点相似。例如，如果某个独生女的母亲在其原生家庭中是有几个哥哥的小妹，那么这个独生女就有可能表现得反复无常、轻佻戏谑。如果某个独生女的母亲在其原生家庭中是有几个妹妹的大姐，那么她往往就不会形成这样的性格。但是，实际上只有当独生子女遇到困难或压力时，他们独有的性格特点才会显示出来。

因为独生子女在家里的地位从来没有被更小的子女所取代，所以他们的自尊心和自信心往往比长子和长女更强，性格也更加从容随和，而且不喜欢控制别人。他们并不十分厌恶权威。当他们需要帮助时，也会欣然接受别人提供的帮助。独生子女对自己的人生期望很高，希望能从生活中得到很多东西。这是因为父母对他们的期望就像对长子长女的期望一样高。独生子女在学校中往往表现得很出色，毕业之后在工作中也很努力。他们甚至会成为"完美主义者"，如果所做的事情有任何失败，他们就会感到十分沮丧。实际上，他们一般都会很成功。在大多数学术测试中，他们的分数总体上会高于其他类型的子女。

独生子女年幼时常常不知道如何与同龄儿童建立亲密的友谊。长大成人之后，他们在婚姻和同居关系中也不知道如何处理自己与伴侣之间的亲密关系。他们没有经历过日常生活中别人情绪的起起落落，所以难以接受和理解别人情绪的正常变化。他们不知道为什么某些人一会儿对他们生气，一会儿又笑着跟他们开玩笑。他们不善于和复杂的人性打交道，也许终其一生往往自己独处时才会感到最舒服。这并不是说他们不喜欢和别人相处，也不是说他们不喜欢加入集体组织，他们只不过是更习惯于独处罢了。即使独生子女们童年时也有些年龄相近的小伙伴，但那也比不上时时刻刻跟兄弟姐妹生活在同一家庭的经历。

独生子女年幼时与同龄人玩耍的机会较少，所以他们不像其他孩子那样活泼好动因此小时候就像个"小大人"。他们很早就开始与成人进行交谈，这让他们的语言技能十分发达，但长大成人之后往往喜欢保持沉默。他们适应不了同龄人之间你来我往的玩笑。虽然独生子女往往要花一定的时间才能学会如何跟别人交往，但他们大多都能适应这种情况，并且做出恰当的调整。

对于那些出生在 20 世纪 50 年代以及 50 年代以前的独生

子女来说，还有一个重要的问题：他们为什么是独生子女？20 世纪 60 年代以前，只生育一个子女的父母非常少见。如果那时一对父母只有一个孩子，就往往预示着父母存在某些问题，例如生理问题、情感问题，或经济问题等，让他们无法生养更多的孩子。当然，现在就不同了。当今社会有很多家庭自愿选择不要很多孩子，这是生活方式的改变。无论如何，如果过去的家庭中存在某些问题，让父母不愿意生养更多孩子，那么这些问题就会对家庭中的独生子女产生巨大的影响。

在我们的社会文化中，独生子和独生女的性格特点存在一些差异，下面我们就要讨论这些差异。

◎ 独生子

如上所述，有调查表明：大多数父母都希望至少能够生育一个儿子，所以独生子往往比独生女更受欢迎。独生子常常是父母面前的"宠儿"。在大多数家庭中，他们能从父母那里得到源源不断的赞扬、鼓励和同情。这样一来，独生子甚至会认为整个世界都必须奉承他们。当别人赞扬他们时，他们会认为这是理所当然的。别人从独生子那里得不到太多的支持和帮助。他们一般不愿意劳心费力去帮助别人，除非他们自愿，或者只是举手之劳。但这并不是让独生子变得不合群的主要原因。他也许会吸引别人接近，却根本不想和别人建立友谊，而只喜欢独处。

没有某个特定类型的女性特别适合做独生子的配偶，他可以对任意女性进行取舍，但并不知道如何跟同龄人建立亲密关系。在原生家庭中，父母往往会照料他的基本需求，并且把他当作家里的"小天才"。因此，独生子的配偶常常需要帮助他料理生活琐事，却得不到太多回报。

假如原来的独生子有弟弟或妹妹的话，那他就可以算是家里的长兄了。因此，最适合他的配偶应该是有几个哥哥的妹妹（可以是出生顺序排在中间的妹妹，也可以是最小的妹妹）。有几个弟弟的长女也很适合他，因为她身上充满了母性，可以照顾独生子的生活起居。独生女也许最不适合做独生子的配偶，因为他们双方都不知道如何与同龄异性共同生活并建立起亲密的关系。他们也不会应对随之而来的各种问题和压力。他们双方都不知道如何跟异性打交道，都想让对方扮演父母的角色。一对独生子女结婚后，他们常常决定不要孩子。（这对于他们来说也许是个明智的选择。）

独生子有了儿女之后，他的妻子常常要独立承担起照顾子女的责任，而他往往不愿意参与照顾子女的过程。

独生子与长子类似，常常会在事业上取得比较高的成就。通常情况下，他希望自己工作的环境可以有效地展示和炫耀所取得的成就，就像幼年时父母在家里炫耀他的成就一样。

◎ 独生女

独生女常常有一种潜在意识，认为自己与众不同，把自己当作高贵的"公主"。如果别人不这样对待她，她就会感到很受伤。她一生中常常渴望被别人（尤其是男性）肯定、赞扬，甚至仰慕。她常常难以理解别人的感情，除非别人与她很相似。她有时会显得比较成熟，符合自己的实际年龄，但常常又表现得很幼稚。

独生女常常会被父母保护过度。这使她成年之后希望朋友和丈夫给予同样的关心和爱护。她挑选的丈夫（独生女常常主动挑选自己的配偶）必须是个随和、灵活、好脾气的男性。只有这样的男人才能很好地应付任性的独生女。独生女理想的配偶往往比她年龄大一些。因为她常常任意妄为、性格变化无常，还喜欢反复考验对方是否爱自己。这样一来，只有年纪比她大的男性才会对她的行为感到有趣，而不是害怕。跟独生子一样，也没有某个特定类型的男性特别适合作独生女的配偶。她最好的选择是有几个妹妹的长子，或者是有几个姐姐的幼弟（因为假如她有弟弟或妹妹的话，就应该算是长女了）。既有姐姐也有妹妹的男性也很适合作独生女的丈夫。

独生子与独生女的结合将会是最艰难的，因为独生子往往不会迁就或"崇拜"独生女，而独生女也不会迎合独生子。如果有共同的职业，或者共同的业余爱好，那么他们之间的关系也许会好一些。他们最有可能选择不要孩子。

独生女有了孩子之后，她的丈夫有可能要承担起照看孩子的大部分责任。如果丈夫在其原生家庭中是长子，或在兄弟姐妹之间排行较前，那么这也不是一个太大的问题。

独生女的女性朋友往往是有几个妹妹的长女，或者是有几个姐姐的幼妹。与独生子不同，虽然往往并不具备熟练交友的经验和技巧，但是独生女会尽力寻求友谊，并努力和别人建立亲密的关系。

独生女常常精明能干。但是，除非能找到理想的工作条件，否则她的才华就会被埋没。适合她的工作环境应该是她一个人单独工作，或者为一名慈祥、年长的男性上司工作，而且氛围应该比较和谐。

双胞胎

如果原生家庭里没有其他子女，双胞胎就会表现得像是两个没有年龄差异的孩子。二人身上都会有长子（长女）和幼子（幼女）的性格特征。但是有些家庭的父母会特别强调双胞胎出生的先后顺序，尤其是在他们出生相距几个小时的情况下，先出生的那个孩子会承担起"长子"或"长女"的角色，而把后出生的那个孩子当作"幼弟"或"幼妹"。所有双胞胎之间的关系都很亲密。如果性别一致的话，他们的行为举止简直就像一个人。

如果原生家庭中还有其他子女，那么双胞胎就会具有其出生性别序列所决定的性格特征。例如，如果一对男性双胞胎家里有几个姐姐，那么他们的性格会像有几个姐姐的幼弟。

双胞胎在智力测验中获得的分数往往最低。这也许是因为他们彼此之间的影响力最大，而他们一生中各个阶段的知识水平都是彼此相似的。与其他类型的子女相比，他们常常不愿意向长者学习，无论是哥哥、姐姐、父母，还是老师。他们总是局限于自己的"二人小集团"，兄弟姐妹和同学对他们的影响都十分有限。他们往往不愿意与对方分离，甚至不愿意结婚和组成独立的家庭。即使是异性双胞胎，也会存在类似的问题，但他们至少从小就适应了与异性同龄人共同生活的亲密关系。双胞胎越相似，就越难以相互分离。他们常常与另外一对双胞胎结婚。有时候，他们甚至会有共同的朋友，甚至爱人，而且不会产生矛盾，因为他们都把对方和自己看作是"同一个人"。

问题

1. 你父母在其原生家庭中的出生顺序是怎样的？他们的出生顺序对其为人父母的方式有何影响？

2. 你自己的出生顺序如何影响着你的人际关系和工作方式？

3. 如果你有子女的话，他们的性格特征有何不同？这些不同特
　　征与其出生性别顺序有何关系？

　　注：如果想要了解更多关于出生性别顺序的理论，以及由
出生性别序列决定的性格特点，请参考罗纳德 W. 理查森和露
易丝 A. 理查森合著的《出生顺序与你》。

第 8 章

如何改变自己与原生家庭的关系

如果你无法摆脱家丑，那就欣然接受吧！

——乔治·萧伯纳

苏曾向心理治疗师寻求帮助，治疗师向她推荐了原生家庭疗法。从那一刻起，她开始逐步改变自己的生活，改善自己与原生家庭的关系。她明白这个疗法需要自己独立完成，治疗师无法提供任何捷径。治疗师向她解释了疗法的基本步骤（这些本章中也会详细介绍），然后由她自己完成。

治疗的过程中，苏为自己制订了一些个人目标，比如如何改变自我，如何应对来自原生家庭的压力等，以保证治疗顺利进行。

本章以苏以及其他人的经历为例，详细介绍了他们在完成原生家庭心理治疗的过程中所历经的步骤。这也是本书的最终目的所在——协助你开展原生家庭领域的自我治疗。对你而言，这正是疗法的开始。

人们在一生中养成的反应模式，已经深深植入了我们自己本身。我们对它几乎习以为常，从某种意义上说，它已成为我们人性的一部分，很难改变或控制。此外，个人对"聚"与"散"的接受程度，以及个人的焦虑度，也都是深入骨髓的，成为个人性格的基本组成部分。如果你认为"我可以超越平时的能力"，或"我无法完成这项工作，因为反应模式对我影响太大了，让我无能为力"，或是抱有类似的态度，那这就对你的治疗过程没什么帮助。

请按照你自己的节奏完成原生家庭领域的心理治疗过程，把自己的期望变得更现实一些。如果你将进度放缓，以轻松可控的节奏进行，你就能顺从自己的心意，达到期待的效果。而击败你自己的最大问题，就是期望过高、改变过快。

开始具体工作之前，首先需要明确本疗法的中心目标，那就是要改变自己，而不是改变他人。你这样做既不是"为了"你的家庭，也不是要"改变"你的家庭。这项疗法不只是一种复杂的心理工具。它的目的不是帮你争取自己的家人，不是让你报复自己的家人，也不是让你向家人炫耀，更不是让你指责他们。

要记住，性格是自己塑造的。你的家人只是提供了环境，以及他们自己的个性风格，他们对你的影响仅此而已。他们无法决定你应对原生家庭环境的方式。你会以自己独特的方式，对家庭环境以及家庭成员的个性风格做出反应。（如果你有兄弟姐妹的话，他们也同样如此。）没有任何其他人可以塑造你的个性——这一点的好处在于只有你能够改变自己。你的改变并不依赖于别人的改变。你无须再像幼年时那样，对家人所营造的环境以及他们的个性风格做出机械的反应。你完全可以做真正的自己。要做到这一点，你必须对自己负责，不再怨天尤人。

开始之前，请你将本章从头到尾认真浏览一遍，了解其中的具体内容；然后再回到第 1 步，开始原生家庭领域的心理治疗过程。这项治疗总共包含 7 个步骤；每一步都至少包含一项具体任务，完成所有任务之后才能进行下一步。每一步都无法很快完成；这项治疗耗时耗力，还需要你有很大的决心。可能你还会发现：某些步骤需要反复进行，以检验自己的完成情况。此外，你还需要让家人适应你的改变。

第 1 步　家庭谱系：你的家人都有谁

首先要弄清你的原生家庭里都有谁。要确认自己的家人，往往并不那么容易。当家庭成员被疏远，迁移到别的地方居住，或者不与亲人联系的时候，家庭的组成部分就会缺失。我们有必要知道是什么原因让这些家庭成员失去联系，或离家出走。不管是什么原因，我们都需要了解清楚。也许你以前从来都不知道这些人的存在，也从来没有见过他们，但他们依旧会对你身边的至亲造成影响，而你的至亲会对你产生影响。例如，如果你的爷爷是个酒鬼，那么你的父亲就有可能受他的反面影响而滴酒不沾。你父亲对酒的态度也会影响你对酒的态度。

即使你不了解这些不经常往来的家庭成员，但是他们的影响力仍旧在家庭族群里发挥作用，并深刻影响着家庭的发展和平衡。

┆示例┆

从八九岁时起，纳西姆与父亲的关系就开始变得非常糟

糕，并一直贯穿他的整个青春期。他的兴趣和爱好被父亲嗤之
以鼻，因为父亲认为他应该像其他充满阳刚之气的男孩子一
样，对运动和汽车之类的东西感兴趣。父亲觉得他喜欢的东西
太过于女孩子气，并且因此常常苛责于他。这让纳西姆非常苦
恼。他试图满足父亲的愿望，却从来都做不到，因为他对大多
数男孩子喜欢的东西毫无兴趣。直到 25 岁那年，纳西姆告诉
父母，其实他是一名同性恋者。父亲非常愤怒，与他断绝了父
子关系。在接受原生家庭心理治疗的过程中，纳西姆才发现他
竟然有一个素未谋面的叔叔，是他父亲的亲弟弟，也是一个同
性恋者。父亲曾经非常憎恶自己的弟弟。此后，纳西姆才清楚
地认识到父亲对自己厌恶的根源和背景。

　　因此，你首先必须了解家庭成员都包括谁，而最好的办法
就是画一个家谱图。在之前的几章中，本书已经举出过家谱图
的例子。它是家庭成员的图形记录，是了解家庭历代成员及其
关系的好方法。

　　家谱图应包括所有家庭成员的姓名和年龄，还应该提供
家庭成员出生、逝世、结婚或离婚的日期。家谱图至少应该
涵盖三代，包括你自己的一代、你父母的一代和祖父母的
一代。

　　下面的内容主要介绍了家谱图中的常见标志，以及一个三
代家庭的案例。

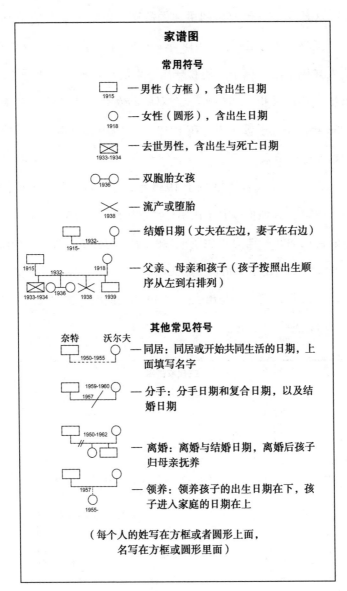

　　这是一个三代家谱图讲述的故事。吉姆·李出生于 1915
年。艾薇·希尔出生于 1918 年。1932 年，艾薇与吉姆结婚，
两人共生了四个孩子，还有一次不幸流产。第一个孩子比尔，
出生一年后夭折；1936 年一对双胞胎女儿出生；流产发生在
1938 年；小儿子戴夫出生在 1939 年。1979 年艾薇去世，他们
的婚姻就此结束。

　　杰里·阿尔伯特出生于 1935 年，于 1954 年与苏·李结
婚。1957 年，他们领养了比尔，比尔出生于 1955 年。两年后，
他们自己的儿子迪克出生了。1980 年，迪克 21 岁时，开始跟
比他大两岁的盖尔·霍普一起生活。

　　1960 年，安·李与出生于 1930 年的约翰·史蒂文斯结婚。
五年后，他们唯一的孩子路易斯诞生了。

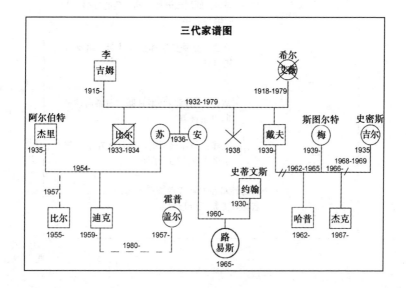

1962 年，戴夫·李与同样出生于 1939 年的梅·斯图尔特结婚。三年后，他们二人离婚，唯一的孩子哈普与母亲一起生活。离婚一年后，戴夫与比他大四岁的吉尔·史密斯结婚，两人有一个儿子杰克。一年后，他们又短暂分开了。在这个过程中，杰克始终与戴夫生活在一起。

正如你们所看到的那样，家谱图可以直接明了地表达很多信息。许多人说，一旦完成自己的三代家谱图，他们就会产生一种全新的家庭归属感。他们第一次完整地看到了整个家庭，还发现了以前从来没有注意到的各种模式和关系。

尝试以下练习，可以让你更好地了解自己在家庭中的位置。

绘制自己的家谱图

请绘制自己的三代（或更多代）家谱图。将你知道的所有家庭成员姓名，以及重大事件日期纳入其中。即使不那么完整也没有关系。

请先在较小的纸上试验几次，然后再在较大的新闻纸或厚纸上绘制。还有人可能会用面积更大的纸张来绘制。你可以用不同颜色来区分世代和血统，这样能帮你更清楚地了解你的家庭谱系。

如果你的好朋友（而非家庭成员）愿意倾听，向他们展示你的家谱图，将你对各位家庭成员的了解告诉他们，

> 并向他们解释彼此之间的血缘关系，还要鼓励他们询问有
> 关你家庭的问题。

第 2 步　你好，妈妈，还记得我吗？联系家庭成员

绘制好家谱图之后，请把它复制几份，发送给你的家庭成员。然后，你要向他们询问这份家谱图是否存在错误，让他们补充缺失的家庭成员姓名和重大事件日期。这项工作对于开展原生家庭疗法而言，是个非常好的开端，有助于你后续探访家庭成员，并与其进行探讨。

除了家谱图之外，你还可以在给亲戚们的信中这样说："我很想更好地了解自己。如果您愿意帮我的话，请将您知道的关于我们家庭的信息都告诉我。"自从 1976 年《根》（*Roots*）这部小说出版并且被改编成电视和电影之后，人们就对这种做法非常熟悉和理解了。绘制家谱也变得流行起来。

对于向亲属询问家庭信息这个步骤，有些人常常感到犹豫。这些人害怕亲属会拒绝，但实践证明很少会发生这样的事情。只要你向亲人表明他们有能力帮你，而你也非常感激他们的帮助，他们往往就会愿意分享自己的故事，甚至还会满怀激动地全力投入到这项工作中。

┊示例┊

　　诺亚不到 1 岁时，父母就离婚了。之后，他一直与母亲生活在一起。35 岁之前，诺亚从未跟母亲谈过任何关于其生父的事情，也没有问过有关生父的任何问题。同样，他的母亲也从来没有主动提及这个话题。诺亚以为关于父亲的话题会让母亲感到尴尬，所以他从来没有问过。对于母亲为何会感到尴尬，诺亚在心里编了一大堆理由——他甚至长期以为自己是非婚生子女。开始尝试原生家庭疗法之后，诺亚终于鼓起勇气给母亲写信，要她讲一下生父的事情，以及他们之间到底发生了什么。他非常担心母亲的反应，觉得自己打破了家规，但他收到了一封长达三页的信。母亲把整个故事原原本本地告诉了他。这封信的基调是一种释怀。母亲在信中写道："呃，我还以为你永远都不会问了！"她很高兴对诺亚讲父亲的事。她以前也一直以为诺亚不愿谈论这个话题。从母亲的信里，诺亚发现了许多以前不知道的事情，其中包括他的父母在他出生前五年就已经结婚了。

　　尝试这种疗法的人往往一开始都以为家人会怀疑他们写信的动机，或是把他们带着家谱的信扔到一边，不去理睬。但是事实一再证明，家人兴奋而又热情的回应会让他们大吃一惊。一般来说，人们对于自己的家庭往往充满兴趣，对于分享自己的家庭经历也怀有极大的热忱。如果他们知道分享信息不仅不会受到攻击，还对他人有帮助，就一定会热心参与。许多人都希望别人询问自己家族的历史，他们也乐于分享自己知道的一切。

你应该把信和家谱图发给每位家庭成员，包括自己的兄弟姐妹。你可能会觉得他们所掌握的信息你自己也全都知道，但千万不要这样想。实际上，他们出生时的家庭与你出生时的家庭是不同的——因为家庭处于不同的发展阶段。每位成员在家庭中的生活经历并不一样，他们对于共同的家庭生活经历有着不同的认识。

有些人认为自己的父母已经去世，就无法完成这一疗法了。但事实上，他们周围还有一些人，年轻时就认识他们的父母，甚至与他们的父母关系很好。你能找到家庭的共同朋友、邻居、牧师和神父、保姆和管家，父母的同事以及其他很多人。他们对你父母有所了解，可以提供许多有用的信息。

┆示例┆

唐娜的母亲已经去世了。有人问她母亲在世时遇到问题会跟谁讨论。唐娜想起了母亲在世时的一位密友。她与母亲的这位密友取得了联系，跟她共度了一周的时间，获得了很多宝贵信息，这些信息是其他人无法提供的。

***

还有一位女士在 12 岁时失去了父母。她模糊记得父母去

世后，有一些人暂时照顾过她。她与这些人取得了联系，结果
发现他们都是父母生前的密友。他们向她讲述了许多关于她父
母的事情。

　　要完成这项工作，还有一件重要的事情需要注意：无论人
们如何向你讲述另一个人的想法、感受、经历或基本动机，都
要把它当作是"道听途说"的二手消息，而且很可能并不准确。
这些信息都是讲述者经过个人偏见和自我解读后过滤出来，然
后再被消化和分享的。我们始终要将这类信息当作"据某人说
的"信息，而不是"事实真相"。

　　一定要联系那些所谓"疯狂"的家庭成员，无论他们是
否被送进精神病院。他们都会对家庭生活和历史提供有益的
视角。

示例

　　鲍里斯家里有一位被大家疏远的成员。家里的其他人都说
她"疯癫""古怪"。他们告诉鲍里斯："不要跟她说话，她只
会胡言乱语，离她一点儿。"但鲍里斯还是和她联系了，并且
发现她其实神志正常，尽管有时确实有点儿古怪。她对家族历
史和相关问题的看法与其他家庭成员截然不同（这正是导致她
被孤立的原因），却有助于鲍里斯解开家族中存在的一些扑朔
迷离的问题。

　　单看家谱中的姓名、日期和渊源并没有什么特别神奇之处，也不会对整个家庭带来任何改变。但是，上述步骤会在三个方面为你提供帮助：首先，它能帮你发现并确认谁才是你的家人。其次，它可以让你在不知不觉中补上那些对你和其他家庭成员有重要影响的人物和事件。再次，也是最重要的，它可以让你与其他成员以一种温和的、不那么激烈的方式进行互动。这为你和其他家庭成员提供了积极互动的机会，并将他们带入到这项疗法中来。你向他们寻求帮助，向他们征求知识和信息，这通常会在他们心中营造出温暖、积极的情感，而且他们也乐于被问及自己的经历。

　　完善家谱图的目的是在整个大家族范围内，尽可能地搜集每个核心小家庭中各位成员的信息。你要努力弄清楚谁生活得比较好，谁生活得不好；家庭成员之间如何相互影响，以及各位成员之间关系的性质是怎样的。这部分工作可能会持续数年。你关注的重点应该放在自己的三代直系亲属中。但是，随着你对整个家族体系的了解不断深入，这项工作也会不断拓展。以下的训练任务也许会对你有所帮助。

联系家庭成员

　　如上所述，给家庭成员写信，并且在信中附上你画的家谱图。寄信之前，请仔细检查一遍，或者请好友阅读信中的内容（这样其实更好），保证其中不存在任何攻击性的语句，并表达出真诚、直率的请求，以寻求家人的帮助。你也可以参阅附录中的信函示例。

你不愿意给哪位家庭成员写信？你会把谁漏掉？你对他的顾虑是什么？你不愿给他写信是不是因为家里的某个三角关系？（例如，如果母亲不喜欢你的嫂子或弟妹，你联系她，母亲会不高兴。）

第 3 步　创建一段家庭历史纪事

特定事件发生的时间与次数都很重要，所以下一步就要创建包括三代人在内的"家庭编年史"。建立一个档案卡系统可能最为有效，因为随着新信息的增加，可以不断增添档案卡。卡片上应该标明具体日期、事件，以及你认为该事件可能对家庭造成的影响。

把事件的日期搞清楚很重要。对于某一个具体事件，不同成员会给出不同的日期，这也是家庭生活中一个奇异之处。他们给出的时间误差可能为 5～10 年，从而掩盖了某些重要的关联性。在家庭历史中，时间似乎是一种非常主观的体验；不同家庭成员会根据自己的想法建立起不同的联系。在确定事件时间这个问题上，你需要提高准确性。

重要的事件和日期主要包括出生、死亡、结婚、分居、离婚、重大疾病和住院、收养、职业变化、被人辞退、主动辞职、经济状况变化、居住地变化、毕业、离开家乡或回家。总之，家庭成员数量、地点和状态的任何变化都是很重要的。正如第 2 章指出的那样，这些变化都会影响家庭生活的质量。

除了家庭事件的日期之外，你还可以记录一些与家庭事件相关的世界或地区性事件。例如，祖父母的抑郁可能与"29 崩溃"（1929 年 10 月 29 日世界经济危机爆发）相关，而某位叔叔的失踪可能与第二次世界大战有关。

你可能还想知道各位亲人的工作情况。例如，你祖父做过什么工作？具体涉及哪些内容？他每天在家庭以外度过多长时间？祖父的工作对家庭有何影响？对你父亲有何影响？

什么事件可以导致一个或多个家庭成员与家庭断绝关系？家里人对此有何不同的看法？在整个家族中，哪些人从来不会被提到，或干脆被视为不存在？是什么造成了这种情况？又产生了怎样的影响？

这些是家庭编年史可以帮你解决的问题。它可以让你了解各种事件对家庭的影响，能帮助你更清楚地了解你出生时的家庭状况，以及你的诞生对家庭生活造成的影响。

完善你的家族大纪事

按照时间顺序列出家庭中发生过的重大事件，并用档案卡记录下来。除家庭事件发生的日期之外，还要把同一时期内与家庭事件有关的世界性事件列出来，并注意这些世界性事件对家庭的影响。

将这些卡片在家庭内部传阅，并让尽可能多的人看到。针对不同事件，不同的家庭成员所记的时间可能有所不同，你能解释其中的原因吗？

不同家庭成员如何评估重大事件对家庭的影响？

第4步　发现家庭内部运行模式

第4步是将所有信息整合在一起，并试图找出其中的意义。在这个阶段，除了收集数据之外，还要对数据进行分析，发现其中隐含的模式，并提出关于家庭运行规则的理论假设。这些假设将在第5步"家人访问"过程中进行验证。

良好的调查研究工作在这一步的实施过程中至关重要。你要以专业研究人员为榜样来开展工作。专业研究人员不会左右研究的结果，心无旁骛、不偏不倚，对所有数据都一视同仁地感兴趣。他们还充满求知欲，也会提出很多问题。

　　进行这一步时，请把你想要询问和探究的所有问题全都记在一个笔记本上。只要有助于了解自己的家庭，以及你在其中的位置，就可以把它记下来。将自己的家庭视为宝贵财富是非常有益的。这意味着所有家庭成员（包括那些让你感到疏远的人），都能为你提供帮助。每个人都掌握着家庭秘密的一部分谜底。每个人都可以为你贡献点儿什么。在你开展原生家庭疗法的过程中，家里的每个人都能帮到你。

　　也许对于你而言，采取这样的态度会有些困难。当你认为有些家庭成员没有多大用处，或不太友善，或能力不足的时候，则尤其如此。但是，他们掌握的家庭信息可能是你不知道的，他们或许拥有你所不具备的技能。因此，不要过分关注他们的不足之处，而要思考他们能为你提供什么。

　　发现家庭内部运行模式的最好方法是研究家里的主要三角关系。首先，拿出一份家谱图，使用单色或多色笔，将主要三角关系中成员之间的关联性勾勒出来。这样可以使你更直观地了解家庭中的三角关系。

　　研究三角关系的另一种方法则更加系统。在家谱图中，选择某一位家人，想象他与家庭中每位成员都建立起了一对一的关系。

　　询问自己以下问题，以确定他们之间的关系。

　　○ 他们在一起时是怎样的？二者之间有何相似之处？（这

当然是很难想象的，必须在家访中进行调查。）

○ 他们在一起时，相互之间坦诚开放的程度如何？焦虑程
　度如何？

○ 他们在一起时，会有什么样的自动反应？

进行研究

例如，你可以试着研究母亲在哪些方面与外祖母相像，反
之亦然。然后把母亲和每个家庭成员联系起来，看看她在哪些
方面会有所不同。她跟哪个人相处时会更焦虑一些？跟哪个人
相处时会更放松一些？她与各位家庭成员相处的方式是怎样
的？有何不同之处？

然后，将整个家庭所有成员之间的关系过一遍，再加上第
三人。例如，当父亲在场时，母亲和外祖母的关系会怎样？

○ 添加第三人之后，会发生什么变化？谁会发生变化？

○ 会出现什么新的行为？

○ 三人之间，谁与谁的关系最近？

○ 三人之间，如何处理亲密与疏远的关系？

○ 这个三角关系对家庭内部的其他三角关系和家庭成员有
　什么影响？

○ 这个三角关系宁静和谐时，家里会发生什么事？这个三
　角关系焦虑动荡时，家庭内部会发生什么事？

还要关注一下"迫害者""受害者"和"解救者"之间的三
角关系。

○ 这三种角色的扮演者是固定的，还是会随着时间的变化
　而变化？

○ 在家庭内部的不同人际关系中，是否有人总扮演着同样
　的角色？

○ 什么样的同盟关系会保持不变？

○ 什么使这些三角关系一直存在？

○ 什么样的经历、事件和环境可以触发这些三角关系？

在这部分工作中，请特别注意那些你出生前就存在的家庭
关系。请思考一下：在你出生时，你的家庭是如何发展到当时
那种状况的？

当然，在这一步，要回答上述问题，大多还要靠纯粹的猜测，但其中一部分内容可能已经有家人向你提到过。下一步进行家访时，就需要特别注意这些方面。请将这些问题记录在你的笔记本上。

然后，将关注的重点转移到家庭中的各种二元关系和三角关系上。把你自己置于与每个家庭成员"一对一"的关系之中，感受一下你们之间的关系，然后添加第三个成员。在此之后，当你遇到上述问题时，你们之间的关系会发生什么变化？

在三角关系中，你处于核心位置时什么样？你处于边缘位置时又是什么样？

○ 你想要向核心靠近，还是想要处于更边缘的位置？或是停留在原来的位置？

○ 你在焦虑什么？你更加害怕失去自我，还是害怕不能依赖别人？

○ 在这些关系中，你体验了哪些身体和情感上的经历？你如何解读这些关系？

○ 你所在的三角关系正在发生什么变化？你是如何处理的？

○ 三角模式中有哪些既定步骤？例如，A 靠近 B，将 C 排挤到边缘，然后 C 向 B 移动，将 A 排挤在外，随后 C

向 A 靠近，将 B 排挤在外？还是 B 不断在 A 与 C 之间游弋？或是当 C 在场时，A 会疏远 B，当 C 离开时，则会靠近 B？

○ 其中隐含的模式是什么？

○ 其中的关系是怎样的？在焦虑水平较低和较高的时候，又是如何变化的？

请你再拿出一份家谱图，画出你现在认为最重要的三角关系。这与第一幅图相比有何不同？将家中五个最重要的三角关系进行排序，按照重要性从一到五依次排列。看看能否找到它们之间彼此关联的模式，或者一个三角关系是如何激活另一个三角关系的。

接下来，请回顾一下你在步骤 3 中编写的家庭历史，并挑选出其中的重大事件；看看你能否确定这些事件对家庭体系有何影响。当家庭人口减少或增加时，三角关系会发生什么变化？例如，某位家庭成员的死亡常常在家庭中产生涟漪效应（有时甚至可以说是"波浪效应"）。家庭体系中一位重要人物的死亡会催生出一系列新的人际关系，并且产生新的三角关系模式。例如，一些研究表明，许多患有精神分裂症的人往往出生于其（外）祖父或（外）祖母去世后的一两年之内。他们的出生似乎有特殊的意义，象征着死亡的含义。家庭中某位重要成员去世之后，还会发生另外一种常见的现象——"功能不足"

的家庭成员会担心："现在这个重要的人去世了，我以后该怎
么办啊？"在这种情况下，人们总是想要找到其他人来代替逝
者。无论能否成功找到，至少他们会去尝试寻找。

| 示例 |

　　亚历山德拉的父亲去世了，但她不能表露出悲伤，因为她
担心母亲。母亲非常依赖父亲，现在转而想要依靠她。亚历山
德拉没有自由表达失去父亲的悲痛，而是在父亲死后的一周
内，与母亲以及其他家庭成员逐渐疏远，把关系冷却下来，好
让他们不要以为她会取代父亲在家里的地位。一位存在同样担
忧的兄弟试图指派亚历山德拉去照顾母亲。她对这位兄弟给她
的压力感到气愤，同时也对自己的自私感到内疚。

　　在某位亲属死亡之后，家庭成员们常常会围绕着遗嘱和金
钱问题形成新的三角关系，这些古老而尚未解决的问题又重新
出现了。因此，在亲属死亡时，常常会有人选择与家庭断绝联
系，以逃避新的三角关系——这种现象其实一点儿也不罕见。

　　你可以回顾一下自己编写的家庭历史，概括一下这些事件
对家庭造成的影响，并从中总结出一些假设和理论。当你开始
对家人进行探访时，可以验证一下这些理论的真伪。随着你获
得的家庭信息增多，这些理论很可能要做出修改，但这些理论
可以让你专注于自己想要的信息，也有助于你搜寻相关信息。

另外，还可以回顾一下家庭中的三角关系、兄弟姐妹出生性别顺序和他们的性格特征、家庭内部的规则以及家庭成员功能不足与功能过度的模式。至于最后一项，如果家中有功能过度的父亲或母亲，你很有可能会看到下一代中至少有一个孩子是功能不足者。有时"功能不足与功能过度"对立存在的模式会仅限于夫妻双方的婚姻关系中，对孩子的影响比较有限。但是一般来说，功能过度的父母会培养出功能不足的子女，而这些功能不足的子女的下一代往往又是功能过度者，然后这样不断往复循环。混合在其中的是四种反应模式，包括顺从、反叛、攻击和断绝关系。你要努力探究各位家庭成员采取了何种模式来应对自己分化不足与依赖性。

请思考一下：你态度与行为的改变会对家庭造成什么影响？你的家人将如何应对？

┊示例┊

从童年开始，达琳总是表现得"功能过度"，她的母亲则显得"功能不足"。结婚生子后，她仍然在自己的家里负责处理一切家务，还要照顾子女。孩子们在她的影响下，变成了"功能不足者"。开展原生家庭疗法之后，达琳预感到：如果她不再担任家里的"功能过度者"，将会对丈夫和孩子们产生很大的冲击。她也认识到自己不仅要找到办法应付家人的反应，也要应对自己的焦虑。

> **研　究**
>
> 　　当你思考以上每个问题时，请把需要询问某位家人的问题记录下来。
>
> 　　请找一位态度比较客观的朋友，跟他讨论你的发现、假设和问题。请他帮忙想想还要问其他什么问题。

第 5 步　你可以回家了：探亲与家访

　　在这一步，你要回到家里搜集信息，根据之前设计的问题向家人提问，观察家庭运行状态，并且进一步深入了解自己在家庭中的位置。但是，如果没有认真做好准备，你的家访将是没有任何意义的。如果你试图忽略前面的几个步骤，而直接进入这一步，那么你所做的努力很有可能会全部付诸东流。要完成这个任务，你必须遵守特定的"规则"，才能最大限度地发挥功效，达成目标。

　　第一，没登门之前，请先通知你要探访的亲人，让他们有所准备。你可以通过写信或打电话来通知他们，但最好把你的意思直接向对方个人表达。比如，你应该给父亲和母亲分别寄一封信，单独告诉他们你回家的意图。如果你以前从未这么做过，他们当然会感到吃惊，但这样会让他们明白：你希望跟父亲和母亲每个人都单独相处一段时间，并且建立"一对一"的个人关系。

第二，探访时间不宜过长，2～4 天是最合适的。如果在家里待的时间过长，你就会回到过去的模式，并且产生抵触情绪，这样就失去了你竭力维持的客观态度。但是，由于探访的时间很短，而与家人面对面的交流又是整个过程中非常重要的一环，所以每年回家探访 3～6 次是最好的。当然，这也取决于你居住的距离，以及其他客观情况。家庭出现危机（如疾病、去世、离婚等），或举行庆祝活动时（如婚礼、洗礼、周年纪念日、圣诞节等）都是回家探访的最佳时机。在这些时期内，家人间的关系都是灵活的，或者说是非常活跃的，因此更具有开放性。

第三，尽量不要跟伴侣一起回家探访。你可能希望自己的伴侣一同前往，为你提供支持或帮助。但是，伴侣会对你的家庭，以及你在家庭中的位置有其自己的看法。因此，一般情况下，你的伴侣最终会陷入家庭内部的三角关系之中。这并不意味着他不能参与家庭的各类正常活动，但他的确不应该掺和到原生家庭领域的心理工作中来。如果你的配偶或伴侣想要陪你回家探访，则必须保证不会对你的活动进行干涉、评论，或帮助。另外，请不要把伴侣牵涉进来，当作你的挡箭牌。比如，有个人对父母说妻子不想圣诞节期间去看望他们，因为她想待在自己家里。也许他的妻子真的是这样想的，但这个人却利用妻子来隐瞒自己不愿跟父母一起过圣诞节的真实想法。从根本上来讲，他把妻子和父母置于了势不两立的矛盾之中。

第四，探访自己长大的村庄或城市。如果你的父母已不在那里居住了，那就带着父母中的一位，再次探访自己的家乡。回到曾经居住的家里，回到过去对你很重要的地方，能唤起很多共同回忆，父母也许会告诉你很多信息。如果你的父母是在另一个地方长大的，那最好也去拜访一下他们的故乡，但需要与父亲或母亲分别单独前去他们各自的故乡。

回到温暖的家

回家之前，你要首先想清楚：你到底要探究什么？你要提出的具体问题有哪些？什么才是你更想了解的？在获取家庭相关信息的过程中，会出现哪些问题？你还要想出应对这些问题的策略。

带着问题回家，期待从探访中获得一些信息，这就使你的"家访之旅"不同于以往的例行回家，并不是露个面就足够了。

通常情况下，你会发现这种方式能使回家探访变成令人心情愉悦的旅行，也因此更能感受到家庭的温暖。

探访过程中，当你搜集信息时，必须做的一件事的就是检验你之前获取的信息是否正确，还有你对家庭体系以及自身角色的假设是否准确。你会发现许多关于家庭成员与家庭关系的新情况，而这些新情况会影响你对家庭的认识。

比如，如果你询问自己的母亲与她的母亲或她的姐妹之间的关系，从中获得的信息可能会让你从全新的角度来理解母亲对待你的行为和态度。

家庭探访最基本的一个原则在于：无论家庭成员跟你分享了什么故事，或是说了什么事情，都不要质疑或谴责他们。请记住，他们对家庭生活的认识是与你不同的。正如前文中提到的那样，你要像一位实事求是的科研人员，保持客观的态度，探究不同家庭成员对原生家庭的不同认识。即使你认为有人在故意撒谎，也不要直接质疑或批驳。无论出于什么原因，有人认为需要在某个问题上撒谎，这本身就很重要，而且也很有趣。

你要避免与对方发生争论，还可以这么说："你对那件事是这么看的，而我（或另一位家庭成员）是那样看的。我们的观点差别这么大，难道不是很有趣吗？该如何解释这样不同的看法呢？"如果你不注意自己的语气，即使是这样的措辞，也会给对方造成伤害。如果你表现出了一丝谴责的意味，另一方则会陷入沉默，或心存戒意，那你就失去了一个家庭信息的重要来源。如果你在语气中表现出真心实意，诚恳地希望别人对这种差异做出解释，你将会发现一些非常有趣的信息。

在进行研究和提出问题的过程中，还需要记住其他一些事情。

（1）只要有时间，就要尽可能多地提问题。你提出的问题越多越好。针对可能获得的每个答案，都要想出至少五个问题来提问，不应该出现问题枯竭的情况。要记住，研究人员永远希望了解更多的真相。

（2）在提问的过程中，至关重要的是：你既不能过分激动，也不能太有戒心，更不能流露出攻击性，还不能逾越一个科学研究人员的角色。只要你不断提出问题，表现出你对他人观点的兴趣，你就是走在了正确的道路上。如果你想不出任何问题，这往往意味着你可能陷入了自己的潜意识中无法自拔，想要挑战或评价对方，或是想要表达自己的观点。如果出现了这样的情况，就改变话题，或暂停研究。

（3）要确保你所提出的问题都是"真正"的问题。提出真正的问题，可以引出确切的信息。"现在几点了"通常就是以获得确切信息为目标的问题。"你不认为我们现在该走了吗"就不是"真正"的问题，其隐含的意义是："我认为现在该走了。"不要提出这类引导性的问题，不要让对方围着你的观点转。优秀的研究员会真心实意地对他人的想法和观点感兴趣，而不是要用别人的观点验证自己的看法。在你刚开始进行家庭探访时，通常情况下，都会苦苦挣扎于能否提出"真正"的问题。

（4）要避免提出以"为什么"开头的问题，因为这类问题通常会让对方产生戒心，或者给自己寻找借口。"你为什么会那么想"这类问题也许会让对方为自己辩解，而诸如"你对那件事的观点是什么"等问题，更有可能获得直接、坦诚的答案。

（5）采用"检验型"的问题来验证自己对某件事情的理解是否正确。比如，你可以提出类似这样的问题："那么你的意思是说你认为妈妈一直最喜欢我了？"这是检验你理解的意思是否与对方真实意思相符的一种方法。"检验型"的问题可以用"你的意思是……"之类的词语开头。你可以从对方的话里得出自己的结论，然后以"你的意思是……"向对方验证自己的结论是否正确。如果你的姐姐对你说："我一直觉得你是个小顽童。"你可以问她："你的意思是不是说因为我总是搅和你的约会，所以我是个小顽童？"她可能会说："是的，那也是一方面，但不是我所想的。对我而言，真正的问题是你总让我跟别人发生矛盾，然后又去告发我。"如果你自以为知道她为何称你为"小顽童"，就无法发现什么才是困扰她的真正问题。

需要永远记住的是：你是在为自己搜集信息。你的家庭成员向你讲述了家庭过去和现在的样子，以及他们在家庭生活中的经历——这都是为了帮你认识自己。经过这一切之后，你会发现自己能够以一种全新的、更开阔的视野来看待问题，甚至有可能重新评估你对自己的看法。

正如上文所提到的那样，依次单独拜访家庭成员是非常重要的。一家人坐在一起，回忆"往昔岁月"是很常见，也是很有趣的一件事。但是在这种交流中，大家往往喜欢进行自我审视，而不是坦诚开放地交流。有时很难将个别家庭成员与其他人分开——比如说父母双方很难分开，但你可以要求跟他们其中一人单独相处一会儿，毕竟你并不想随时都和他二老同时面谈。你可以单独邀请父母双方中的一位吃午饭、散步或驱车出游，这些都是不错的选择。

如果对你而言，很难邀请家庭成员单独见面——这本身就是一个很有趣的信息，那么你认为是什么让这个过程变得异常艰难？当你请求跟别人单独见面时，对方会怎么想？当你觉得他人可能有这样的想法时，你会怎样？

┊示例┊

米里亚姆和父亲之间的沟通都是通过母亲进行的。从懂事起，她从未记得单独与父亲做过任何事情；母亲总会在场，说的话也最多。在成长过程中，她经常听到母亲转述父亲的话

（"你的父亲这样说，你的父亲那样想"），但很少直接从父亲那里得到任何信息。终于，她鼓起勇气（她也不知道自己在担心什么）单独邀请父亲外出就餐，一起看电影。父亲欣然接受了，这成为他们之间建立全新关系的开始。随后，她发现了自己在害怕什么：母亲开始变得异常焦虑，想要知道到底发生了什么，"为什么你们要把我排挤出去？"她发现母亲一直以来都很害怕不能参与到任何关系中来，这种恐惧深深地植根于母亲的价值观中。米里亚姆发现，当她还是个小女孩儿的时候，就能察觉到母亲对此问题的焦虑，并且一直遵守着母亲的情感规则："你不能跟父亲单独做任何事情，必须把我拉进来；否则我会感觉很糟糕。"

当你与一位亲属单独交谈时，不要乱说闲话，谈论那些没来的家庭成员，因为这样就会制造出一种三角关系。虽然这种问题很难避免，但你必须要把话题引回到当前与你在一起的这位亲属身上，尝试去了解他是如何看待问题、感悟生活的，而不是把时间用于揣测没来的家庭成员抱有怎样的动机和目的。

如果跟你在一起的那位亲属不断谈论其他家庭成员的事情，你可以问他："这对你有什么影响？""这对你意味着什么？"或是"你对此有何看法？"此时，你的兴趣点应该在于他人给某件事情赋予了什么意义。很少有家庭成员会让别人直接了解自己的内心世界，所以他们不会说："你那么说，我觉得你的意思是……因此，我觉得……我决定想要……这就是我那么做的原因。"这些是你当前需要探究和发现的。你需要弄清楚各位家庭成员如何看待自己的家庭生活经历（而不只是他们对某个话题的看法；关于这个问题你已经了解得够多了），以及他们彼此之间相互关联的内部经历。

如果与你交谈的那位家庭成员开始对交谈内容感到不适，通常的做法是将谈话的重点转移到上一代人身上。例如，当你与母亲谈论你们之间的关系时，如果发现她感到不悦，就问问她与外祖母之间的关系。如果这个话题也让她感到不安，就问问外祖母与外曾祖母之间的关系如何。外祖母如何向母亲描述自己与外曾祖母之间的关系？母亲自己观察到的情况又是怎样的？这样一来，母亲就有可能回到刚才的话题上，而且不会感到那么不适了，她甚至还有可能愿意谈谈你们俩之间的关系（当前一代）。总而言之，如果谈话很难开展，就要做好准备，随时在这代人与上代人之间转变话题。但是在与亲属交流的过程中，最大的问题常常是你自己的焦虑与不适，而不是他们的。

┊示例┊

耐德很少跟母亲一对一单独交流。有一天，他开车带母亲出行，终于有机会跟母亲单独相处一整天。他以前总觉得母亲不愿跟他说话，所以认为母亲这次肯定会感到不适。但是，他与母亲单独待在车里时，却发现自己才是焦虑的一方。尽管他心中积攒了很多问题，还有很多事情想要了解，但在这一整天内，他连一个问题都没提出来。最后，就剩一个小时了，母亲对他说："我记得你说过，有话要跟我讲。"在此之后，他才与母亲进行了有生以来最棒的一次交流，但在整个探访过程中，他却错失了很多机会。

＊＊＊

考利一直避免与母亲谈论她们之间的一些事情，因为她觉得母亲会哭，会非常伤心。她曾经一直以为如果母亲在她面前哭，母亲就会感到非常难堪。但她还是直接挑明话题，不出所料，母亲真的哭了起来。然后，她却发现自己才是那个无法忍受母亲眼泪的人，她才是那个一直逃避话题的人。

当你面对家里的各位成员时，试着回想一下自己之前对他们的印象。在这些印象之中，要搞清哪些是与他们直接接触之后产生的，哪些是别人告诉你的。通常情况下，你对一位亲属的印象往往是在没有接触他们之前就产生了，是其他家庭成员灌输给你的偏见和刻板印象，而这些印象通常非好即坏。例如，如果你母亲认为你舅舅是个"酒鬼"，也这样跟你说过，这会如何影响你对舅舅的印象？如何影响你和舅舅打交道的方式？

第五，在这一系列的探访之中，你应该关注的是自己，你要观察自己在家庭体系中所发挥的作用。在拜访时以及拜访结束后，你要及时检验自己对家庭的假设是否准确，并适时进行修正。

第 6 步　这就是我，无论你是否喜欢：自我分化

完成研究工作、弄清自己在家里的位置之后，你就要开始着手改变自己在家庭中的角色了。对于那些你想要改变的事情，可以按照轻重缓急或难易程度进行分类。首先从容易改变的地方下手；不要一上来就冒着失败的风险，使自己感到挫败和无助，从而打击自己的积极性。

要记住的是，一切行动的关键在于改变自己，并且你要注意如何应付自我改变之后家人对你的反应。如果你的目标还包括改变他人，那你肯定会受挫。你还必须假定"家人现在什么样，以后也会什么样"，并且把这当作你行动的假设前提——虽然事实可能并非如此。如果你成功地改变了自己在家庭中所扮演的角色，就有望改变整个家庭。如果你忠于自我，与家庭成员保持亲密的关系（即使他们试图让你变回原样，你也不要过分怨怼），那么他们很有可能会逐渐适应你的新角色和新行为，而且家里所有人之间的关系也都会随之发生变化。

　　这就意味着你不能将目标设定为希望整个家庭更加亲密、更加温暖或是类似的目的，尽管这些目标都是我们所希望的。也许你探访亲属的行为会使家庭关系变得更加亲密和温暖，但是如果你把这些当作目标，就很难实现。

　　对你而言，要成为一个分化成功，并且情感成熟的人，你需要站在"我"的角度，而非"你"或"我们"的角度去思考问题。拥有一个"我"的立场，意味着你必须：

○ 在不冒犯他人的前提下，清楚地表达自己的信仰、立场和理念；

○ 明确区分自己的想法和感受；

○ 接受自己与他人之间的差异，并能够很好地应付这些差异导致的焦虑；

○ 接纳自己的信仰、立场和感受，不要求他人为自己辩护；

○ 与亲人保持亲密联系，同时敞开胸怀，倾诉自己的想法；

○ 按照自己认为有意义的关系模式与方式去生活，而不是依从他人制订的规矩；

○ 为自己追寻目标，而不是为改善与别人的关系而追寻目标；

○ 准确"检验"他人的想法，明确理解他们的希望和意图；

○ 必要时与别人进行求同存异的协商，协商过程中必须考虑自己的目标和他人的想法；

- 在与重要成员建立亲密关系的过程中要保持自我；若与他们的关系疏远，则要充盈自我；

- 坦诚地接受自己错误造成的责任；

- 学会清晰有效地表达自己的感情；

- 学会欣赏与享受自己与他人之间的不同；

- 不要一概而论地将家人分为"圣人"或"恶人"，也不能有"非好即坏"的观念；

- 不要因为他人的威胁、欺凌或操纵，而替别人承担责任；也不要威胁、欺凌或操纵别人，让他们担负本属于你自己的责任；

- 在幽默与严肃之间找到平衡点，避免出现冷嘲热讽；

- 学会应对自己的焦虑；

- 不要因为人际关系中的压力而流露出任何体征，也不要被他人因焦虑而产生的体征所操纵；

- 当你无法接受他人的所作所为时，不要被无力感吞噬，而要关注自己拥有的选择；

- 不要将他人视为自己的问题的根源，而要承担起自己的失落、悲痛、缺憾等情绪；

- 不要为了自己高兴，而对他人应该做或不该做什么提过多的要求，也不能强求别人必须如何感受、行动或思考等；

- 不要与家庭中的其他成员结成联盟，不论这类联盟有多大作用；

○ 与家庭中的每位重要成员都建立起公开、透明且一对一的联系；

○ 不要扮演迫害者、受害者或援助者的角色。

如果能在原生家庭中做到上述这一切，你会发现自己已经"分化"成功了。你会成为这个世界上独一无二的自己！这些都是我们希望达成的目标。

随着你在家庭中的角色和位置发生改变，家庭内部情感机制也会出现失衡，其他人则会感到不适应，或无所适从，从而对你的变化感到非常担忧。通常情况下，家庭中的一位或多位成员会对此做出三段式的反应。首先，他们会说："你错了、不好、自私、不负责任。"等等。然后，他们会说："如果你回到原来的状态，我们愿意再次接纳你。"最后，他们会说："如果你还是这样，我们将对你进行严厉惩罚。"

他们会将你的自我立场视为对他们的攻击或批评。他们会试图与其他家庭成员形成三角关系，或借助于外部权威（如一位"有见识的"朋友、一本书、一位医生、一位心理治疗师、上帝、牧师或神父等），让你认为自己错了。

他们还会对你提出各种威胁，有时会很极端，例如威胁对你采取暴力手段、威胁切断你的经济来源、剥夺你的继承权、不再与你说话、不再与你相见、收回对你的情感投入（比如，"我再也不需要你了"）；他们会真的生病、闷闷不乐，或者"因为你再也不会爱我了"而陷入悲伤和忧郁之中。这些问题会接踵而至，试图让你回归到原来的状态。你应该能够预料到可能会面对的各种情况和威胁。事先预料到的越多，就越能更好地应对。

至关重要的一点在于：只要你的努力开始见效，就一定不要放弃。如果你因此而变得过于自我保护，开始为自己的行动辩护，或者对别人的威胁和责难采取对立的手段，这些都会使你所取得的成果付诸东流。

此时，你的基本信念应该是："我明白这会使你感到不快，你不喜欢这样的情况出现，但这是我要做出的转变，对于我来说意义重大。"如果你此时做出不恰当的反应，例如逃避等，只会让对方持续不断地攻击你。你需要维护自己的立场，既要与亲人保持亲密关系，又要保持开放的心态，沉着冷静地应付对方的反应。

┊示例┊

辛西亚在自己 20 岁的儿子面前是一个"功能过度"者，因为儿子一直都依赖着她。她可以为了儿子跟丈夫大打出手，还要在儿子陷于困境时将他解救出来。但现在，她决定不再这样继续下去了。她知道儿子肯定会非常愤怒，这也是她所担心的，儿子还有可能威胁断绝母子关系。果然不出所料，在一次交谈中，当她表示不再帮儿子之后，儿子开始冲她大喊大叫。

她努力保持冷静与理解的态度，没有选择逃避（过去她往往会这么做），而是坚定自己的立场。她的儿子一怒之下离开了，表示再也不会来看她，不再跟她说话，也不再把她当作母亲，但辛西亚并未因此动摇。三天后，她的儿子打来电话，以全新的态度和她交流，语气中充满了尊敬。

如果你能一直保持这种立场（这其实往往很难做到），那么家人最终会适应你的改变。他们会重新调整自己的位置。此外，在很久之后，他们也许会对你的改变感到欣慰，甚至感激。你也许会听见家人说："我可没有勇气去那么做。"或者"幸亏你那样做了，我真的不喜欢家里以前那个样子。只是你将来千万不要再生出那样的事端了，好吗？"

正如之前多次提到的那样，这项工作的目标之一是让你与家庭的各位成员建立起一对一的个人关系。这并不意味着你必须和每个人成为朋友，而是指你能够与家庭中的任何成员就任何问题展开交流，并与他们保持密切的关系——即使他们对你的立场做出负面回应。

在这个过程中，你自己千万不能在家庭内部组成某种同盟或三角关系，也要杜绝你的家人这样做。即使你跟另一位家庭成员交流自己要做出改变的想法，也意味着这将成为你们之间的秘密。这样一来，你们二人就形成了一个同盟关系。例如，某位亲属得知了你所做的事情，想要支持你，或者想要跟你交流，"打听一些消息"。那么，你要告诉他：你这么做都是为了自己，现在谈论这些一点儿用处也没有。

要做到不在家庭内部结成同盟或三角关系，也不能接收家庭内部的各种"秘密"。家庭中往往充满了各种各样的"秘密"，所谓家庭秘密指的就是只有少数家人了解的信息。这些"秘密"会对整个家庭系统造成巨大的影响。正如之前提到的，纳西姆的父亲一直隐瞒自己有位同性恋兄弟的事实，这就是一个很好的例子。童年时，他一直都以为父亲的不满是针对自己的，从来不知道父亲其实是对自己的同性恋兄弟不满。这就是家庭中的秘密。这些秘密造成了家庭信息的空白和缺失，人们只好用自己的胡思乱想来填补。而知道真相的人，却想守住这个秘密，常常会选择保持缄默。因此，他们不能向外人透露真相。家庭之中需要讨论的重要话题往往因此被忽略、跳过，或强制中断。知道事实真相的人无力做出任何改变。若子女成为父母一方分享秘密的"密友"，这种现象就会更加严重，因为这会极大地影响子女与父母另外一方的关系。

我们保守秘密，是因为我们认为这样做能保护他人。但事实上，秘密会阻碍个人成长，还会给他人带来很大的痛苦。因此，无论什么时候，只要你同意保守秘密，就会使家庭陷入困境，只要秘密存在，状况就不会改变。

要改变现状，出现转机，就要将别人告诉你的秘密公开出来。在家庭中，常常会有人把他自己对另一位亲属的想法悄悄告诉你——他也许会说："不要告诉他我说了这些，但是……"
在这种情况下，尤其需要你把这种所谓的"秘密"公布出来。
如果你对另一个人以客观冷静的方式说："你知道她跟我说你
什么吗？"或者"我不知道她为什么要跟我说，而不是告诉
你？"这样一来，你往往会惹出一些事端！但这也是一个极好
的机会，可以测试你是否被人际关系所左右。

　　这样做可以减少家庭中的三角关系。从短期来看，告诉你
秘密的人，会因你泄密而生气；但从长远来看，另一个人会更
清楚一些事情，而且双方最终都会对你产生感激之情。其他人
知道你会公开家里的秘密，可能会以最保险的方式告诉你一些
事情，并依靠你将这些事情公布出去，因为他们自己不敢这样
做。这就是为什么那些被家人普遍认为很难保守秘密的人有时
也会得知家里的一些秘密。

　　是否与他人分享家庭秘密应该取决于你自己。因此，你不
必将自己知道的所有秘密全都告诉别人。是否分享秘密应该取
决于你进行改变的努力，以及这样做是否有助于你的改变。需
要注意的是，如果你因为自己的不安，或出于对别人的忠诚，
或是想要保护他人的感受而不愿公开秘密，那么你就是在不健
康的家庭体系内部做出了一个情绪化的决定，而这样做会阻碍
你从家庭体系中分化出来的过程。

　　"一对一"的亲属关系很难维系，但是利用秘密将会有助
建立这种"一对一"的关系。

┊示例┊

　　莫瑞·鲍文博士在自传中对自己的原生家庭工作进行了描述。他记录了自己努力与一位兄弟建立亲密关系的过程。每当鲍文回家探访时，他的这位兄弟都会借故离开。鲍文想尽办法寻找与他单独相处的机会，但都被这位兄弟躲过去了。最后，鲍文决定利用家里的一些秘密。他给这位兄弟写了封信。鲍文在信中透露了某些亲属告诉他的关于这位兄弟及其家庭的一些事情。在这封信中，鲍文还声称他也不知道其他亲人为什么要把这些话告诉自己，而不是直接告诉这位兄弟。他在下次回家探访前一周将这封信寄给了兄弟。鲍文回到家乡后，他的兄弟很生气，急着要见他。兄弟问鲍文为什么"说这些关于自己的事情"。在表达愤怒的过程中，他的兄弟不知不觉揭露出了家庭中一个重要的三角关系，这是鲍文以前所不知道的。他们之间过去的误会就此一笔勾销，这位兄弟不再一直躲着鲍文，他们二人建立起了更加亲密的关系。

第 7 步　重做一遍

　　在开展原生家庭心理工作的过程中，当你遇到困难和挫折时，不必感到吃惊。要完成这项工作并不容易；如果你原本不是有耐心的人，在进行这项工作的期间，你会逐渐培养起自己的耐心。你要把失败当作学习的机会。你要不断地反思究竟漏掉了什么？还有什么没有考虑进去？你的假设缺少了什么？你是如何上当受骗的？

你要做好一切重来的计划，有时候不得不重新回到画板上，重新构思自己的假设：当前的情况究竟是怎样的？应采取什么措施才能改变现状，做真实的自己？你要针对上次实践过程中遇到的问题，制订出详尽的解决策略。你还要制订出有别于上一次的新战略，因为你的家庭正在"运用"上一个方法来应对你的改变。要尽可能清楚地了解家人会出现什么样的反应，并反思应如何应对他们的反应。

只要坚持澄清自己的立场就够了，无须顾忌别人的对错。你的目标应该是做真正的自我，也就是以自认为有意义并且自我愉快的方式行动和生活，这样就能使你与他人自由、热情地交往。

完成原生家庭领域的工作，需要克服很多困难，也会花费很多时间，还需要耐心与专注。原生家庭理论的创立者最初也在自己的家庭中完成了上述任务，这花费了他 12 年的时间。你现在的优势在于：不需要自己去创造这些理念，还可以学习他人的经验，因此不需要花费那么长的时间。

一定要沉得住气。要知道，你是一定免不了犯错误的，但你要把错误当作学习的机会，而不是把它们看作失败与挫折。花费了很长时间，你才成为了今天的自己；因此，你不可能一夜之间就做出改变。

　　但是，还要务必记住：我们从事的这项工作可不是什么新鲜事儿。自从家庭体系在历史上出现，人们就开始在家庭中开展类似的工作。那些心理和情感上成熟的人，能够做真实自我的人，都经历过类似的过程。他们都曾努力解开心结，了解真实的自我，然后下定决心要为何负责。他们都学会了接纳自己，也学会了接纳与自己完全不同的他人。

　　我们都有能力做到；我希望你们能够在自己的人生旅途中取得成功。

第 9 章

我如何改变自己与原生家庭的关系

在本书最后一章，我想说明一下自己是如何开展原生家庭方面的研究和工作的。

将近 40 岁时，我才决定从事原生家庭方面的研究和工作。决心投身此项事业之前，我曾经断断续续地做过大约 10 年的心理治疗。心理治疗并没有给我自己的生活，以及我与妻子露易丝的关系带来多大改善，所以我感到必须要从事一些新的工作。此外，我对自己给来访者提供的心理治疗效果也并不十分满意。

1977 年，我们离开美国，移居加拿大西部不列颠哥伦比亚省的温哥华。此后不久，我读到了莫瑞·鲍文的《家庭系统理论与疗法》（*Family System Theory and Therapy*）。这本书的内容主要基于鲍文博士自己的研究成果。此后，我为客户提供心理治疗服务时，把鲍文博士的理论当成了唯一的方法和途径，并且试图用他的理论来改变我自己的性格和人际关系。原生家庭方面的工作仅仅是日常治疗活动中的一部分。

鲍文博士的理论在很多方面给了我深刻的印象。第一，它尊重每一个人，尊重并理解个人在生活、婚姻和家庭中遇到的各种困难。它并没有把一个家庭中的成员划分成"好人"和"坏人"，并且不愿意用"有害"之类的词语来形容家庭中的任何成员。我希望这种观点在本书中能体现得很清楚。这种观点不仅对我本人的生活很重要，而且对接受我咨询和治疗服务的来访者也是一种非常有用的理念。第二，鲍文博士的理论是一种对人类关系进行综合全面探讨的途径，它把人们置于生活的大环境背景之下进行研究，尤其是放在由人组成的人际情感体系之内进行研究。我们都在更大的情感体系之内成长和发展，并学习如何处理人际关系。因此，把自我放进情感体系的大背景下进行研究，不仅能给我们带来一些新的理解，而且会为我们提供一些在人际关系中改变自我的新方法。本书已经对这些内容进行了明确的解释。第三，鲍文提出的理论具有很大的包容性，这给了我十分深刻的印象。它不仅是关于像我这样的治疗师的理论，而且也是关于我的"来访者"的理论。它明确指出：我和来访者之间并没有什么不同之处，从基本的人性上说，我们都是相似的，我们都面临着类似的奋斗和挣扎。它没有使用太多艰深的心理学术语，却给我指出了一条自我改变之路。

最近这几年，在我个人接受过的所有心理治疗中，我都和治疗师谈过家里各位成员的情况（尤其是我的母亲）。从总体上来说，我当时认为自己的家人都不够好，为我做得不够多，没有让我成为一个更健康的人。在大多数情况下，我只能看见家人的缺点和不足，而且认为他们的缺点和不足造成了我自己性格上的缺陷。我的治疗师们大多简单地接受了我所介绍的家庭情况。他们中从来没有人建议我应该跟家人坐下来认真谈一谈，并了解自己的家人，也没有人建议我把自己置于家庭情感体系以及家人生活的大背景下进行思考。我觉得也许我的心理治疗师们也像我一样害怕提及自己的家庭，并且对自己的家人有意见。因此，在前几年之中，我从来没有很好地认识自己的家庭成员，也未能改善自己与他们的关系。

当我遇到鲍文的家庭系统理论时，就开始了自己一生真正的追寻。我希望能够更好地理解这个理论，并且想方设法地把它应用到我的生活中去。除了用这个理论改变自己的家庭生活之外，我最后还决定写一些关于它的东西。这本小书就是我最初努力的结果之一。此书出版之后，我还写了一些其他的书籍，来说明这个理论应该如何应用在人生不同的方面。

我自己的家庭环境

我是一个独生子，出生在一个单身母亲的家庭。在我人生的前 11 年里，我们家住在密苏里州的哥伦比亚市。然后，我们搬到了加利福尼亚州的好莱坞。我和母亲一直住在那里，直到我从加州大学洛杉矶分校毕业。我的母亲在她的原生家庭里是 3 个子女中年龄最小的，有一个比她大 6 岁的姐姐，还有一个比她大 3 岁的哥哥。她的母亲（也就是我的外祖母）在她出生 3 个月后就去世了。我母亲出生后的前 3 年，一直跟哥哥姐姐住在他们的外祖父母（也就是我的外曾祖父和外曾祖母）家里，因为当时我的外祖父认为自己养不起他们 3 个。我的外祖母去世 3 年后，外祖父又结婚了，然后把 3 个子女接回了家。

如上所述，本书第 7 章探讨了出生性别顺序对人们性格造成的影响。我母亲的性格跟那一章里描述的原生家庭中的幼妹有很多相似之处，我则在很多方面符合那一章中对独生子的性格描述。

从 3 岁到 9 岁，我断断续续地跟外祖父和外祖母（也就是我母亲的父亲和继母）住过一段时间。外祖父对我不怎么关心，也不喜欢跟我在一起。例如，他年轻时曾经是一名棒球运动员，但我记得小时候只跟他打过一次棒球。我们基本上不会在一起做任何事情。外祖母对我还算比较关心，但也不是特别喜欢我。我跟他们住在一起的时候，外祖母去世了。我见证了她缓慢离世的整个过程，时间长达几个星期，因为当时她的床被搬到餐厅里来了。那时我大概是 8 岁。

多年以来，我母亲结过 4 次婚。我 8 个月大的时候，她离开了我的生父，因为生父当时对母亲不忠。这让我从来都不认识自己的生父。离开我的生父之后，她前往密苏里大学工作，在副校长办公室当打字员。从此以后，我母亲一辈子干的就是行政秘书之类的工作。我 2 岁时，母亲开始了第 2 段婚姻，但这段婚姻只维持了 6 个月就结束了。很多年后，我开始从事现在的心理咨询和治疗工作。此时，我又跟母亲谈起了那段婚姻。母亲说她当时很缺钱，她找的第 2 任丈夫生活宽裕，但母亲并不爱他。母亲离开第 2 任丈夫是因为她认识到自己不能因为钱而结婚。母亲的第 3 段婚姻发生在洛杉矶，那时我刚开始

上高中。这段婚姻也仅仅维持了 6 个月，母亲就离开了她的第
3 任丈夫。母亲的第 4 次婚姻发生在我大学毕业，并且开始在
美国东部生活以后。这段婚姻一直持续到第 4 任丈夫去世（大
约维持了 20 年），其间也出现过很多问题，他们还短暂分开过
一段时间。在这些婚姻之间，她还有过几个男朋友。几次离婚
时，她从来没有向前夫要过任何补偿，也没有向我的生父索要
过我的抚养费。

我的母亲是一位独立女性，她想要的只是一种被丈夫爱着
的感觉。当丈夫不能满足这个愿望时，她就会离开丈夫，继续
自己的生活。她既不愿依赖丈夫，也不希望能够改变丈夫，从
而让自己感到更安全。当我逐渐了解她时，我对她这一点越来
越感到敬佩。但是，她也承认自己不善于挑选配偶。她找的四
任丈夫都有严重的酗酒问题，但她并不是因为这个问题而与他
们离婚。她自己也喜欢喝一点酒，但饮酒并没有给她的工作和
生活带来什么麻烦。她在工作上十分认真负责，在家里也是个
称职的母亲。有些当代的父母会对此产生怀疑，但我这么说也
有明显的原因。

对于自己的成长过程，我感到很幸运，因为我的成长环境
很特殊。我是个独子，而母亲长期单身，这种母子之间的关系
很强大。如果当初母亲把全部精力都倾注到我身上，并且希望
从我身上得到所有被爱的感觉，那么我长大之后的状况也许比
现在要糟糕得多。幸运的是，她并不是那种一心扑在子女身上

的母亲，因为她最关注的是如何找到一个真正爱她的丈夫。这样一来，我就可以自由选择自己的生活，不用为了取悦母亲而产生不必要的"融合"现象。在共同生活的过程中，我们已经有了足够的"融合"程度，却没有使之变得更加复杂。在本章中，我会主要谈一谈我对母亲开展的工作。

◎ 我的家谱图

我采用了本书中使用过的家谱图的模式和标志（请参见第8章），以下是一个关于我的原生家庭的简图。

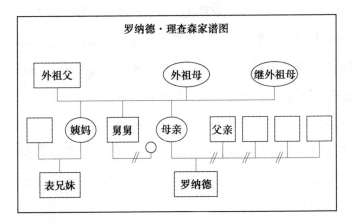

我们母子之间处理相互关系的主要方式是在感情上保持较大的距离。她很少过问我的事情，我也很少过问她的生活。其实，她并不喜欢问我太多问题。每天下班回家之后，她不会坐在那里问我今天在学校表现如何、放学后做了什么、跟谁一起玩、有什么家庭作业，或者我过得怎么样等。她从来不会问我诸如此类的问题，也不会对我说她的事情，我也从来不问。我当时感觉这样挺好的。当我去朋友家玩的时候，他们的父母似乎总要问他们无穷无尽的问题。要是换做我的话，肯定不会高兴的。母亲跟我相依为命，但并不是为了把我牵扯进她的麻烦里，也不是要用我用头脑帮她解决问题。

母亲也教会了我如何承担责任。每当我犯了错误，或者做了什么蠢事，她就会跟我一起纠正。例如，有次我跟一个小女孩玩耍，不小心把一块砖头砸到了她的脚上。她疼得直哭，而我吓跑了。母亲下班回家，听小女孩的妈妈说了这件事情，立即把我带到她家里，要我向她道歉。还有一次，我长大了一点儿，有了一些主见，开始做一份送报员的工作，但这份工作对于当时的我来说实在是太累了。因此，我感到非常沮丧，没有把报纸送完，却把它们扔掉了，而我自己当时也没有考虑过这么做的后果。那天晚上，我的老板给母亲打了很多电话，母亲明白了我的所作所为。于是，在寒冬的暴风雪之中，母亲从朋友那里借了一辆汽车，拿上报纸，跟我一起去分发。虽然事后我还是被解雇了，但我从中明白了一个道理：只要自己承诺去做的事情，就一定要做到底。

总的来说，她对我存在一定的依赖性，希望我把事情做对、做好。但这种依赖性也是有合理依据的，因为我有权自主思考什么对我来说才是正确的，而不必通过叛逆和斗争争取自己的独立。我们母子之间从来没有面红耳赤地公开吵过架。当她不允许我做什么事情，而我也感到不满时，我会噘着嘴不说话，她总会对我说："去你自己的房间里待着，直到心情平静，笑着出来为止。"我们之间的争执总是这样结束的。无论争执的主题是什么，我们都不会再次提起，也不会公开说出来。

自从高中以后，她就再也没有跟我谈论过我的教育和职业问题。只要我考试及格，她就不再过问我的分数。上大学和读研究生都是我自己的决定，没有跟她商量过。她从来没有特别关注过我的学业，甚至也没有暗示过我以后应该过什么样的生活。她认为这些都应该由我自己决定。她曾经以为我高中毕业以后会选择就业，所以当我继续求学时，她感到十分惊讶。

我与母亲之间一直保持着这样的关系，直到中年时期。我开始做原生家庭方面的研究后，我们的关系才发生了一些变化。我选择做这方面的工作，部分原因也是由于我和露易丝之间的婚姻关系。如上所述，我与母亲之间的关系是原生家庭中我跟女性建立起来的唯一的长期亲密关系。因此，在经营我和露易丝的婚姻时，我曾经希望照搬我和母亲之间的关系模式。很快，事实就证明这样做是不行的，露易丝也表示我对婚姻的这种期望是不正常的。但是我没有其他模式可以参照，因为我出生在单亲家庭，年幼时从来没有目睹过正常夫妻之间的婚姻关系。我甚至都记不得外祖父母之间的关系到底是怎样的了。后来我得知他们之间的关系并不好，甚至有些相互敌视，所以他们在感情上常常保持着较大的距离。我早期从事心理治疗

时，主要关注的是如何改变自己的婚姻，但是一无所获。直到
我开始做原生家庭方面的工作以后，这种情况才有所改变。

我和母亲感情上的距离并不是一种"敌对距离"。我们
只是表面上互不干涉对方的生活罢了。我一直都知道她是爱我
的，不过既然她不喜欢过问我的事情，那么我就认为她对我的
生活不感兴趣，而我对她的事情也没有表现出太多的关心。我
是一个成年人，住在美国的东海岸，她则生活在美国西海岸的
洛杉矶。我会在她生日和圣诞节时寄去贺卡，一年之间也给她
打几次电话。但我有时会去洛杉矶参加会议，有几次甚至都没
有告诉母亲。

工作的开始

进行原生家庭方面的工作时，我遵循的是上一章列出的几
个具体工作步骤。此外，读者还可以参考本书的附录 A。在书
后的附录 A 里，我列举了一些类似的策略，还给出了几个具体
问题，以供读者向家庭成员进行提问。首先，我要做的是给原
生家庭的每个成员邮寄一份"家谱图"（按照当时我所理解的家
庭关系模式绘制）。在寄给每位家庭成员的信中，我表示希望
深入了解自己的家庭状况，并询问他们是否愿意协助我开展这
项工作。我向他们解释了家谱图中各个符号所代表的意义，并

向他们询问我绘制的图表是否有所遗漏。我请求他们把漏掉的家庭成员信息补充进来，包括其姓名、出生日期、婚姻或离婚的情况，以及逝世时间等。然后，我请他们告诉我家谱图中各位家庭成员的状况，诸如他们从事什么工作、如何度日、生活得怎么样等。接着，我对他们的帮助表示感谢。整封信的口吻并没有流露出我想"探究家庭隐私"的意思，我想表达的是自己对家庭感到自豪，并希望对"自己人"了解得更加深入。

刚刚开始这项工作时，我是十分紧张和恐惧的。大家读本书时，一定会发现我在书中非常强调提问的重要性。但是，我和母亲之间很少询问对方的事情（似乎我家里的其他成员也都很少过问别人的事情）。向母亲提问，就意味着我对她的个人生活产生了兴趣。我感到这打破了我和她之间关系的一个重要规则。这对我来说是一种全新的行为。一开始，我们二人都感到有些为难，甚至尴尬。有一次，我刚刚开始原生家庭方面的工作，要去洛杉矶开会。我告诉母亲希望能跟她共度一天，并且向她咨询一些问题。那天早上九点，我开车把她从家里接出来，提议一起去拉古娜海滩兜风。她同意了。我们开车四处闲逛观景，泛泛地谈了一些东西。下午，当我驱车送她回家时，她向我问道："我觉得你有些问题要问我吧？"在此之前，我已经通过往来信件向她提出过一些问题（主要是关于她给我提供的家谱图方面的信息），但这是我们第一次面对面坐下来谈论我的问题。此前，我一直对此十分紧张，并且尽力逃避。我说道："是的，把车停下喝杯咖啡怎么样？"这时，我们在一起的时间只剩下大约一个小时了，我和母亲第一次面对面坐下来，以两个成年人的身份谈起她的成长和人生经历。这个过程令人兴奋，母亲也对我也很坦诚。在第 8 章提到的"耐德"的例子，也是关于此事的。

我在信中向母亲最先提出的问题之一是：她和我的生父之间到底发生了什么？在此之前，我从来没有向她打听过生父的事情，她也没有主动向我透露过任何信息。第 8 章"诺亚"的例子可以说明我过去是如何应付这种情况的。那时，我在心里编了个故事，骗自己说：我是个私生子，所以母亲不愿意谈及我的生父。当我给母亲写信询问生父的情况，以及他们之间的关系时，我仿佛听见洛杉矶方向爆炸了一颗核弹。我满以为她会打电话过来质问："你怎么敢提这种问题？"

但是我从母亲那里收到了回信，还是满满三页单倍行距的打印纸。正如"诺亚"的例子所示，原来事情的真相并不像我想象的那样。这么多年来，母亲一直在等我问她。母亲的个人行为准则是："如果他想知道，就该问我。"但是，她不知道我也有一条个人准则："如果她想让我知道，就会告诉我。"我们二人大半辈子就靠这两条准则行事，结果就是我不问，她也不说。

从事原生家庭工作的头两年里，我一直在提各种各样的问题。我对母亲的生活经历十分好奇，向她提出的问题既有关于她家庭的，也有关于她自己的。此外，我也向其他家庭成员询问。母亲后来告诉我，她的姐姐（也就是我的阿姨）曾经对她说："罗纳德的问题可真多！"母亲只是答道："是啊，他问得是不少。"然后，她们就没再说什么了。对我来说，这项简单的工作（至少在很多其他人看来很简单）似乎很难完成。但是当我遇到困难，无法继续进行时，母亲对我的工作给予了反馈和肯定。随着时间的推移，家里人渐渐不再反感我的问题了，而我也习惯了提问的工作。我得到的答案很有趣，但更重要的是，我们在这个过程中建立起了一种更为开放的新关系。在这个阶段，我主要通过提问让原生家庭的成员们明白我对哪些事情感兴趣。过了一段时间，他们也开始相互询问，纷纷对彼此的生活状况感到好奇。我母亲和她姐姐之间也建立起了一种更开放、更亲密的新关系。这种关系一直持续到母亲去世。

我和母亲的这种交流方式让人感到很不舒服。我们都要战胜自身的犹豫，才能进行下去。但是至少我们之间的交流变得更加安全了。后来，在我从事原生家庭工作中的后几年里，有一次我去温哥华，希望母亲能跟我一起录制一个视频，向学习原生家庭心理治疗法的学生们展示如何与父母进行对话和提问。母亲立即就同意了，这让我感到有些吃惊。准备拍摄之前，我先把视频里要问她的大约30个问题发给她了。录制开始了，我向她问道："我已经提前把今天的问题给你了，你感觉如何？"她说："这些问题有些讨厌。"我又问道："那你能接受吗？"她回答："我们走着瞧吧。"

实际上，她回答问题时非常坦诚，而且有问必答。我的一些问题涉及了非常私人的内容，比如"你对自己的四段婚姻怎么看？"她回答道："我试图在婚姻里寻找未能从父亲身上得到的东西。"在视频录制的过程中，母亲突然哭了。我担心这是因为我的问题让她感到不快。但是，我仍然镇定地问她怎么了。她回答说："如果当年我能跟父亲这样谈谈该多好啊！"我听了很高兴，认为这是她对我工作的莫大肯定，而且她也非常愿意借这个机会讲出自己的人生经历，让我更加深入地了解她。我也很喜欢这次采访。母亲逝世之后我才知道，她对我们所做的事情感到骄傲，而且把这次采访告诉了很多朋友。

工作的进展

从事原生家庭工作的前两年里，我向家庭成员提出各种各样的问题。这些问题主要关于他们的生活，以及他们与其他成员之间的关系。我特意避开我个人与他们之间的关系问题，也尽力避免对此类问题做出任何评论。例如，我绝对不会问一个家庭成员："为什么你不能多爱我一些？"也不能在问题中隐含类似的意思，因为这样会让我的工作前功尽弃。对方会对我产生戒心，跟我的关系也会变得充满敌意。即使我不想表达类似的意思，如果我问了自己和对方关系的问题，也很容易被对方误解。我可不希望这样的事情发生。我在和亲戚们做着一件跟以前完全不同的事情，这一点就足够了。从某种程度上来说，我当时还没有准备好去做更多的工作，但我也不想过度关注我个人与其他家庭成员们之间关系，以免让他们产生不必要的焦虑。在这两年里，我们之间形成了一种新的亲疏舒适度。这为我与其他家庭成员之间建立更加安全、相互尊重并且开诚布公的人际关系打下了良好的基础。

这项工作的目标之一是希望与每个家庭成员建立一种"一对一"的人际关系。这是工作的目标，而不是出发点。现在有太多的人涌进原生家庭这个工作领域，他们提出的问题往往是以自我为中心的，主要是关于他们自己与亲人之间的关系。这样一来，被询问的家庭成员常常会对其产生戒心，从而导致双方讨论终止，或者发生争吵。在人际关系交往中，只有安全感增强，人们才会变得越来越坦诚，并愿意向对方倾诉自己的心声。因此，在原生家庭方面的工作中，培养家庭成员之间的安全感是一个必须关注的首要问题。例如，父母对成年子女的指责最为敏感，最害怕子女说他们没有尽到做父母的责任，所以只有采访者与父母建立起了充满安全感的关系，他们的采访和讨论才能涉及更敏感的话题。当双方可以坦诚开放地讨论二人关系中的任何问题，并且愿意放下戒备，相互倾听对方的心声，才算是真正建立起了"一对一"的关系。这种关系并不意味着双方意见必须一致，但双方的分歧不应该导致敌意，也不能疏远双方的关系。这样的坦诚交流只有当双方交往过程中的安全感增加、焦虑感减少时才能实现。

　　两年之后，我开始进一步加强自己与家庭成员之间的联系，希望与他们建立起更加坦诚开放的关系。我希望母亲可以更深入地了解我，更关注我与她之间的关系。有一次，我对母亲说："我知道你一直都是爱我的，但我觉得你对我的生活不怎么感兴趣。"这是我第一次把谈话的焦点集中在母子关系上，也是这么多年来我第一次向她诉说我对母子关系的感受。如果一开始我就对母亲说这样的话，她听了一定会放声痛哭，感到自己作为一个母亲，居然受到了子女的谴责。那样的话，我也许会退缩，也许因为让她伤心而感到愧疚。此外，也许我们从此以后再也不会讨论此类话题了。

　　但是，当时我们母子关系中的安全感已经大大提升了。因此，当我对她说起这些时，她没有以为我在追问她，也没有认为我在谴责她没尽到做母亲的责任。她只是稍微有点吃惊，但似乎也很好奇。她问道："你为什么会这样想？其实我一向对你的事情很关心。"我说："也许是因为你从来都没有问过我的生活吧。"听了我的话，她用手拍拍额头，恍然大悟般地说道："哦！我现在告诉你这到底是怎么回事儿！"然后，母亲向我讲述了她与其继母之间的关系。母亲的两个哥哥姐姐还记得自己

　　的生母，所以从来没把继母当作他们的母亲。因此，他们与继母之间的关系十分疏远，甚至有些敌意。相反，我的母亲与其继母之间的感情比较亲密。她们之间的感情更像是真正的母女关系。

　　母亲觉得她的继母占有欲太强，喜欢干涉她的生活。在她的成长过程中，继母总是反复问她："你去哪儿了？跟谁在一块儿？干了点儿什么？"母亲十分讨厌这些问题，所以就对自己说："将来我有了小孩，可不要像她这样。"后来，母亲也的确是这么做的。但是，她以前从未意识到，她不干涉子女生活的决定，与当初继母对她的干涉一样，都产生了负面效果。如果我不向她提起这件事，她还以为这是在尊重我的独立个性。

　　这个消息完全改变了我对母亲的看法。我从前以为她不关心我，所以接受了多年的心理治疗。但是现在看来这只不过是个误会罢了。多年的心理治疗都浪费在了我们母子之间的一个小小误会上。我现在认识到：她并不是真的不关心我，只不过不愿像她的继母那样过分干涉我的个人生活。她一方面关心我，一方面又强忍住不去干涉我。对于她来说，这是多么困难啊。我感到这是一种更伟大的爱的表现，我对她的某些感受也立即发生了变化。

　　终其一生，她都用这种方式处理母子之间的关系，很难做出改变。很多年后，她在弥留之际对我说："我知道本来应该多问问你的生活，但我实在做不到。"我说道："不用了，妈

妈。我知道你是关心我的，这就够了。我已经把一切想说的都
告诉你了，你用不着再问我了。"其实，这未尝不是一种很好
的方式。

　　我的表弟汤姆跟我一样，在家里也是独生子，但他的成长
经历跟我大不相同。他的母亲（也就是我的姨妈）在原生家庭
里是长女。姨妈教育子女的方式和我的母亲（家里最小的女儿）
截然不同。她把孩子当作生活的中心，平时对汤姆十分严格，
有时又保护过度。她总是想把汤姆关在家里，还喜欢过问汤姆
的一切，干涉他的个人生活。

　　有一次，在我从事原生家庭领域的研究和工作许多年之
后，我和母亲分别从各自的居住地乘飞机前往圣路易斯，参加
家庭聚会。汤姆开车到机场接我们。途中，他指着路边的一栋
建筑说："那是我第一次被允许在外面过夜的地方。"我知道这
里面一定有问题，于是问道："你当时多大了？"他说他当时
19 岁。听了他的话，我感到很吃惊，回头对后座上的母亲说：
"妈妈，你知道的，我不记得我们以前曾经讨论过我晚上必须
什么时候回家的问题。"母亲说："是的，那是因为你总是比我
回来得早。"的确如此，无论在什么年纪，什么时候，母亲都
没有要求过我必须在晚上几点之前回家。汤姆听了，嘴里似乎
发出"哼"的一声。后来他告诉我，他一直嫉妒我和母亲之间
那种比较宽松自由的关系。汤姆曾经是个"叛逆少年"，总喜
欢与"独裁"的父母做斗争。他在学校里遇到了各种问题，在

社会上也是四处碰壁。他把精力全都用在了阻止父母（或其他"权威人物"）控制自己的生活上。因此，他没有时间思考和规划自己想要的人生。后来，他不到50岁就因为酗酒引起的问题去世了，他也从来没有开始自己想要的生活。直到去世之前，他仍然住在自己的原生家庭里。虽然他似乎很受女性的欢迎，却终生没有结婚。随着年岁的增长，我对母亲培育子女的方式越来越感到钦佩。

我与母亲之间的关系变得更加坦诚和开放了。我开始向她倾诉一些以前根本不会说的事情，甚至可以替她出谋划策，在某些方面给她帮助。有一次，她决定跟第4任丈夫分开。听到这个消息之后，我立即飞到洛杉矶，帮她从家里搬出来，并且询问她事情的原委。在帮助母亲的同时，我尽力避免陷入母亲、她丈夫和我组成的三角关系之中。每当她谈起丈夫时，我也只是问几个跟她有关问题，偶尔也提出几个建议，但不会强制她接受我的意见。最后，她自己找到了和丈夫复合的方式。这对于他们双方来说都很好。

改善原生家庭中的"三角关系"

开展原生家庭领域的工作，难免要涉及原生家庭中三角关系，还要调整自己在这些三角关系中的位置。在我的成长过程中，主要的三角关系是由我、母亲，还有她生活中的各种男性组成的。除了其中一个之外，我对她约会过的许多男性都不怎么喜欢，也不喜欢我长大之后她又嫁的那两个男人。幸好母亲也不打算改变这种局面——她没有要求我跟这些人改善关系，但这也许让她的生活变得更加艰难。

前几年，我试图改善自己与母亲第 4 任丈夫（就是那个曾经与她短暂分手的丈夫）之间的关系，但是他不久就去世了。这个过程确实有些困难，因为以前我对他的态度并不太好。这种态度导致我们常常因为政治上的分歧而争吵。如果当时我的态度好一点儿的话，我们之间的谈话也许会更棒。但是我常常倾向于拒绝他，这就让我们的谈话往往不欢而散。我认为如果我有更多时间和他交流的话，我们之间也许最终可以建立起"一对一"的亲密关系。

我跟母亲，以及她丈夫之间的交流始终存在一个障碍：他们常常争吵不断，还总想把我牵扯进来。因此，我不得不和他们保持一定的距离，这就是我不经常去看他们的缘故之一。最后，我终于学会在他们争吵时待在一边，并以轻松愉快的态度（而不是批判或讽刺的态度）对他们的争论做出恰当的评价。母亲私下向我抱怨丈夫的不好时，我总是回避关于他的话题。我只是询问母亲："如果你丈夫做了令你不满的事情，你要如何应对？你做了什么？又说了什么？"我们母子二人坐在一起讲她丈夫的坏话，这当然很容易就可以做到。但是，我仅仅对母亲的行为感兴趣，而不愿谈论她的丈夫，也不愿评判母亲对丈夫的看法是否正确。我的这些问题似乎让母亲开始反思自己的行为。后来随着时间的推移，我发现母亲对丈夫的反应似乎有所改变，并且跟他的冲突也减少了。母亲利用了我提出的问题，更多地思考如何让自己适应他，而不是让他来适应自己。从此以后，母亲也变得更加热爱生活了。这是一个成功案例，充分说明了如何让自己实现"分化"，并避免陷入"三角关系"的争端之中。此外，在没有我促成和提示的情况下，母亲也跟她的丈夫顺利完成了心理上的"分化"过程。

母亲的第 4 任丈夫去世之后，另外一组三角关系出现了。母亲的丈夫和他前一段婚姻中的成年子女之间关系非常复杂。他的子女反对他酗酒，这让他愤怒至极，最后竟然因此去世了。去世之前，他曾经一度想要修改遗嘱，剥夺其子女的财产继承权，但我让母亲劝他不要这么做。我对母亲说："如果你同意他修改遗嘱，那你就是在用他的脑子思考问题。"我提醒母亲：在她自己的原生家庭中，也曾经出现过遗产纠纷问题（母亲的继母去世之后，什么也没有留给我的外祖父）。如果她同意丈夫修改遗嘱，那就是在重复自己家族的历史。母亲同意了我的观点，劝丈夫不要修改遗嘱。于是，她丈夫的遗嘱还跟原来一样，其子女的继承权没有被剥夺。但是丈夫去世之后，母亲却不愿意让其成年子女清理他的遗物（母亲又开始按照丈夫的思路来想问题），也不允许他们拿走任何东西。因此，我又向母亲建议说：他们来拿东西是很正常的。只要是母亲不需要的东西，都可以允许他们带走。后来，母亲又照着我说的做了。

举出上述事例是为了证明：我跟母亲建立了坦诚开放的"一对一"关系。我们可以把自己的想法和感受直接告诉对方，而不会产生恐惧或不安的感觉。她知道我是尊敬她的，所以在生活中常常会考虑我提出的意见。

我跟表弟汤姆之间也构成了某种三角关系。但我花了很长时间，才发现它的存在。我渐渐认识到：虽然这么多年来我们相处的时间不长，但是我在他面前起到了一种"长兄效应"。他的母亲（也就是我的姨妈）总是对我推崇备至，还喜欢用我的"榜样"教育汤姆。从事原生家庭领域的工作之前，我根本不知道这些。但这个现象解释了为什么汤姆不愿意跟我坦诚交往，而且总是跟我拉开一定的距离。

有一次，我去圣路易斯，跟汤姆还有他的父母一起出去吃饭。我从房间里出来，穿着西服，打着领带。他开始嘲笑我领带打得不好。我没有反驳他的嘲讽，反而认为这是跟他改善关系的好机会。我对他说："汤姆，我从小就没有爸爸，所以没人教我打领带。你愿意教我吗？"（我说这些话的时候，眼睛盯着姨父，也就是汤姆的父亲，暗示着他们之间的关系。）汤姆听了，很乐意教我打领带，而且教得非常细致热心。我对他满口称谢（当然，也是在他父亲面前）。通过这样一个简单的行为，我对汤姆单方面放低姿态，希望与他建立起亲密的人际关系。此后，汤姆果然变得对我更加坦诚开放，也更愿意回答我的问题了。

此外，还有一个三角关系，在我从事原生家庭方面的工作很久之后才发现。我舅舅华莱士很久以前自杀了，大家都对我说这是因为他得了抑郁症。我问母亲他为什么抑郁，母亲说："抑郁就是抑郁，没什么原因。"我问了很多次，却没有得到什么确切的答案。于是，我决定放弃这个问题，不再追问。很多年后，母亲有一次问我："你还想知道华莱士为什么抑郁吗？"我说道："那当然。"

然后，她就把华莱士舅舅的经历告诉了我。

华莱士舅舅曾经在密苏里州哥伦比亚市作厨师。当时，那里的种族分裂现象十分严重。他所在的饭店里还有一个黑人厨师，跟他的妻子发生了婚外情。此事被"镇上的长老"发现了，他们闯进饭店厨房，直接对黑人厨师说："赶快离开这里，否则我们不客气了。"于是，黑人厨师立即离开了此地，而华莱士的妻子也跟着他一起走了。从此以后，华莱士就陷入了深深的羞耻感之中，难以自拔。很多年之后，他自杀了。

这是一个非常极端的事例，但我当时不理解母亲为什么一开始要隐瞒真相，后来我才逐渐明白。在职业生涯的前10年里，我一直都在城市中心的黑人区工作，难免会遇到很多种族问题。这导致我跟母亲的第4任丈夫发生过不少争论。她丈夫在种族暴乱期间，曾经在瓦特市当过警察。母亲最初不确定我听了这个故事之后会有什么反应。也许我会问她的反应，以及当时她是怎么做的。因此，过了很长时间，她才觉得可以把这件事的真相坦诚地告诉我。我、华莱士舅舅，还有种族问题构成了一个三角关系。我在以前的工作中从未涉及过这个三角关系，此时却达成了某种程度的公开和坦诚。

实现自我的分化

从上面的简要叙述可知，从原生家庭"分化"出来的过程中，我不需要跟身边的家人进行斗争，因为他们并没有阻止我去做自己想做的事情，也没有干涉我的人生。如果表弟汤姆当初也从事原生家庭方面的工作，他的"分化"过程可能跟我的大不相同。

除了上述提到的内容之外，实现自我分化的过程还主要包括：回到自己的原生家庭中，对每个家庭成员的人生产生兴趣，并询问他们的生活情况。我要想办法与他们建立联系，面对他们的喜怒哀乐各种感情，但自己一定要保持客观冷静。这对我来说是一项艰巨的任务，也需要很大的勇气。但是这样一来，我就可以形成独立于原生家庭的、更清晰的自我。在与生活中其他重要人物交往的过程中，我也能保持真正的自我。在我关心的人面前，我成了一个负责可靠的人。

我和母亲之间还需要实现一点点"分化"，而这个过程是通过稍微有些对抗的方式完成的。前几年，我去母亲居住的洛杉矶出差时，常常不会告诉她。因为她总是要求我没事的时候就去陪她。当我跟她在一起时，我们什么也不做。她从来不问我的事情，我也不告诉她任何事情。我甚至都不知道为什么要去她那儿。所以去洛杉矶出差时，我更喜欢跟朋友们待在一起。随着原生家庭领域工作的开展，我终于有机会对母亲说："你想见我，我很高兴。我同样也愿意来看你。但我也想去见见我的朋友们。所以有些时候，我到洛杉矶会来看你，而有时候我要去找朋友。"她一开始不高兴，但还是同意了。这是因为以后我去看她，都是自己主动来的。后来，我每次去看她，都相处得很愉快。

从事原生家庭领域的工作还使我在家庭关系方面获得了另一个回报：当家人处于困境之中时，我可以出现在他们身边。例如，母亲临终前得了一种十分罕见的致命疾病，但她对自己的病情表现得毫不关心。别忘了，她从不喜欢提问题。于是，我就问她能否跟她一起去医院，又给她看了看我想咨询医生的几个问题。我想从医生那里得到问题的答案，也想让母亲好好听一听，因为这对她有很大帮助。这些问题主要包括：这种病的性质和特征，母亲可能的最终结果，她还能活多久，尤其是死亡将会怎样到来。母亲表示她自己也想知道这些问题的答案，同意我跟她一起去看医生。幸运的是，医生并没有刻意隐瞒什么，也愿意和我们讨论病情。这个行动后来证明十分有用。母亲从来都是个十分实际的女性，她利用医生提供的信息，把一切安排得井井有条，提前准备好了自己的后事，以免自己去世之后家里发生混乱。我们还会在一起聊聊从前共同度过的时光——虽然我住在 2500 千米之外，但只要有时间，我还是会尽量陪在母亲身边。临终前，母亲同意我用空中救护车把她送到了华盛顿州北部的医院，因为那里离我居住的地方更近。到那里不久，母亲就去世了。

　　原生家庭方面的工作还改变了我内心长久以来一直存在着的自卑和羞耻感。不知出于什么原因，我以前一直对自己和自己的原生家庭感到惭愧。这种感觉让我常常缺乏自信。当我第一次向其他专业人士介绍自己的家庭时，我在讲话的过程中甚至哭了出来，因为我感到自己的家庭实在不够好。我对家人感到羞耻，也对自己感到羞耻。但是在从事原生家庭工作的过程中，我对自己原生家庭的认识发生了改变。我认识到，他们艰苦奋斗、克服重重困难，才取得现在的成就。因此，我越来越对自己的家人感到骄傲。我不再紧盯着他们的不足，转而关注他们奋斗的力量和优点（在简要介绍工作的过程中，我没有对此详细描述）。接着，完全出乎我意料的是，我个人内心的自卑和羞耻感完全消失了。在这个过程中，我发现人们对原生家庭的看法往往代表着其内心深处对自我的认识。在开展原生家庭心理治疗的过程中，我的来访者不仅改变了自己在原生家庭中的客观地位，也改变了对自我的主观认识。

假如能跟家人共同生活更长一段时间，我也许能做更多的工作。但是对于目前所做的一切，我已经感到很满意了。如果没有从事原生家庭领域的工作，我肯定不会在家人遇到困难时出现在他们的身边，给他们情感上的慰藉。我也不会成为一个值得信赖的人。如果没有从事此项工作，我也许会一直满怀愧疚，因为我无法让母亲知道自己多么爱她，也非常愿意帮助她。此外，因为从事原生家庭方面的工作，我和家人的关系更近了。在我表弟、母亲和姨妈去世的时候，我能第一时间得到消息，联络其他家人，并且料理后事。他们去世之后，我成了整个原生家庭中唯一担负责任的成员了。

结论

总之，我认为原生家庭领域的心理治疗工作不仅改变了我个人，也改变了我与露易丝的婚姻关系，还改变了我与家人和朋友之间的关系。此外，我在这些年来担任的各种领导岗位上，也表现得比以前更为优秀。我的来访者身上也发生了类似的转变。有些来访者改变得比我还要慢，有些来访者改变得非常快。无论如何，只要他们开始了原生家庭领域的工作，就都能获得相似的益处。

在我自己探索原生家庭心理学理论和实践的过程中，并没有获得其他专业人士的帮助。这主要因为当时温哥华还没有心理治疗师开展原生家庭领域的工作。我仅靠学习鲍文博士的著作，然后努力解决自己遇到的问题。这就是为什么我把这个工作称为一个"自助"的过程。其实，我写本书也是为了给来访者提供一些帮助，向他们介绍家庭内部的运行机制，并为他们提供一些必要的工具。许多心理治疗师和咨询师也把本书当作开展原生家庭工作的工具。

如果读者想要获得专业人士的帮助，请参考本书的附录B。在附录B中，我列出了一些北美地区原生家庭心理学方面专家的联系方式。它可以帮助你找到合适的心理治疗师，或者向专家咨询一些关于鲍文博士原生家庭理论方面的知识。

附录 A

如何与原生家庭加强联系

安德烈跟自己的原生家庭断绝联系很久了，但他最近试图跟家庭成员重新建立联系。首先，他画了一个"家谱图"（详见第 8 章的描述），并填上他知道的所有家人姓名和家庭大事的日期，但是这份图表中还有很多空白之处。

他把这份家谱图发送给原生家庭中比他辈分高的人，既包括他母系的长辈，也包括他父系的长辈（当然也包括其父母），还有他的两个同胞兄弟姐妹。此外，他还附上了"谱系图"中各个符号所代表的意义。

除了这份家谱图，他还给每个人寄去了一封信，其主要内容如下。

也许您听说了，也许您没有听说，我最近对家族的现状和多年以来的历史非常感兴趣。我们大家住得都很远，所以这么多年来我也没有机会了解自己家庭的情况。但是我希望将来的某一天，我可以告诉孩子们：我们家里都有谁、我们家历史上曾经发生过什么事情。您愿意帮我吗？

我发现我连一些最基本的事实，比如我们家里有哪些人都没搞清楚。还有很多人的姓名、出生、死亡或结婚日期我也不知道。请查看一下我发送给您的'家谱图'，并把您知道的缺失信息补充上去。有时候，我甚至漏掉了一些家庭成员。如果您发现我漏掉了谁，请在图表中加上相应的方形或圆形符号（这些符号的具体意义请参照本信中的附录）。请把新填入的家人姓名按照出生顺序写在他们兄弟姐妹的旁边。还有，如果我搞错了兄弟姐妹之间的秩序，请帮我更正。

即使您只能添加一位家人的名字，或者某个我不知道的重要日期，我也会非常感激您提供的帮助。如果您需要的话，这份图表完成之后，我会给您邮寄一份。

最后，请您提供尽可能多的关于各位家庭成员的信息。我对他们居住的地方、受教育的程度、从事的职业、生活状况，以及他们的兴趣爱好、宗教信仰、性格特点等，都很好奇。如果他们有的已经去世了，请把他们去世的原因告诉我。

再次感谢您的帮助。现在，家庭对我来说至关重要。我实在不愿失去了解自己家庭的任何机会。"

安德烈发出了14封信，结果收到了7个人的回复。他们提供了一些非常有用的信息，并且对此项工作表现得非常热心。他们提供了一些关于家庭成员的趣闻轶事，还有安德烈需要的一些实际数据。

安德烈给回信的每个人都发了一封感谢信。针对他们提供的信息，他又进一步提出了一些追问。安德烈表示不用他们再回信了，他"最近某天"会给他们打电话，跟他们聊一聊这些问题。

后来，他跟这7个亲戚都通了电话（其中有3个人是先打给他的，双方聊得都很愉快）。他跟对方的通话都很短，只是感谢对方为自己提供信息。他在电话里还问了几个关于对方家庭生活经历的问题。（诸如"作为家里的长子，你有什么感受？"或者"你幼年时在原生家庭中最喜欢什么？"）

在这7个人中间，有6个人对安德烈提出的比较私人的问题给予了积极的回答。安德烈接着问他们是否愿意多谈一些自己在原生家庭中的生活经历。他们6个人都说"当然可以"，但第7个亲属对安德烈表示怀疑，并且不愿意合作。于是，安德烈决定以后再与她进一步沟通。

接着，安德烈提出了以下一些问题。

○ 您关于原生家庭最早的记忆是什么？
○ 您在原生家庭中有没有感到什么"特别之处"？
○ 您跟父亲还是母亲的关系更亲密？

○ 您是否感到家庭生活对自己有何积极的影响?

○ 您如何处理与其他家庭成员的矛盾和冲突?

○ 在原生家庭中, 您跟谁的关系最近?

○ 您跟家人之间有何不同之处?

○ 您跟家人之间有何相同之处?

○ 恋爱或结婚之前, 您的生活是怎样的?

○ 在我出生之前, 您的生活是怎样的? 我出生时, 您的生活是怎样的?

○ 您的生活中有哪些至关重要的转折点?

○ 您给自己的人生确立过怎样的目标? 你是否曾经接近过这个目标?

○ 您现在又有怎样的目标?

○ 在原生家庭中, 您向谁学习得最多?

○ 最令您满意的成就是什么?

○ 作为伴侣、夫妻或父母, 您遇到的最大挑战是什么?

○ 您是如何应对的?

○ 宗教信仰对您和您的家人很重要吗?

○ 您是如何坚持自己的信仰的?

○ 哪种信仰对您来说是最重要的?

○ 您最重要的宗教经历是怎样的?

○ 您最欣赏父母或兄弟姐妹身上的哪些品质?

○ 作为父母, 您最重要的发现是什么?

○ 您平时是如何做决定的？您会跟谁商量？

○ 您如何处理跟父母、伴侣、孩子之间的冲突？

○ 哪位家庭成员的去世给您带来的影响最大？

此外，安德烈还给每个人提出了一些具体问题。

安德烈把这些问题发送给了这6名家庭成员（其中二人是他的父母），还给每人寄去了一盒录音磁带，询问他们是否愿意把答案录好邮寄回来。他表示，如果他们不愿意这么做的话，也可以理解，以后有机会见面时再详谈。

这6位亲人都给安德烈寄回了磁带，并且提供了非常有用和有趣的信息。接着，他又给他们去信，感谢他们的热情帮助，还说把亲人的声音保留在录音带上是件十分有意义的事。

这个过程开始之后，安德烈发现自己很容易去拜访这些亲人，跟他们进行一对一的私人谈话，讨论一些家庭事务，还有他们在原生家庭中的生活经历。他得知了很多以前从来不知道的家庭三角关系。这让他能够把自己的成长过程放在一个完全不同的视角之中。

这让安德烈能够用更理性、更宽容的方式解决原生家庭遗留下来的困难和问题。他抛弃了过去对生活和原生家庭的不满与抱怨。42岁时，他终于感到自己"成了一个真正的成年人"。

如果与安德烈的情况相比，你跟家人的关系更亲密，那么你就不必像他那样按部就班地逐步与他们建立联系。上面列举的安德烈的例子，适用于那些需要慢慢来的人，那些不知道自己是否愿意与亲人进一步联系的人，还有那些不确定亲人是否愿意跟自己加强联系的人。

附录 B

如何寻求原生家庭领域专业人士的帮助

　　我写本书的目的是给我的心理咨询来访者们提供一些指导和帮助。我希望为他们简单描述一下这项工作的性质，以及它是如何进行的。许多其他心理咨询师和治疗师同样把本书作为"指导手册"推荐给他们的来访者。当然，在没有专业人士帮助的情况下，人们也可以利用本书提供的信息，对自己进行原生家庭方面的心理治疗。书中描述的过程其实是心理成熟的人们几个世纪以来一直在做的事情。他们以前可没有什么"专业人士的帮助"。但是不管怎样，如果有个研究鲍文博士理论的专业心理学家为你提供帮助，你会更好地理解这项工作的内容，并且更好地开展原生家庭领域的心理治疗和咨询活动。

　　在寻找专业咨询师的过程中，读者必须考虑到的是：这个专业人士必须把家庭看作人生积极动力的源泉，而不是把来访者当作恶劣家庭环境的不幸牺牲品。无论这名专业人士叫作

"心理咨询师"，还是"心理治疗师"，其实差别并不大。我常常把这两个词换着用。这两个词往往表示他们所属的行业协会不同，而不是他们的工作性质不同。精神病学家、心理学家、婚姻家庭问题治疗师、教区辅导师、社会工作人员，以及其他许多受过专门训练的人士都可以提供来访者需要的专业帮助。

鲍文博士是一名精神病学家，曾在华盛顿的乔治城大学教授精神病学。他喜欢在病人面前自称为"教练"或"导师"。这说明他把病人看作是"绿茵场上的运动员"，是心理治疗过程的主角。原生家庭心理学治疗的过程不在于来访者（或病人）与咨询师的关系如何，而在于他们如何处理自己与原生家庭的关系。这就是我对自己工作性质的看法，也是本书中隐含的一个重要假设和前提。

目前还没有专门的鲍文博士原生家庭理论从业者协会，只有各种各样的专业流派，所以这样的专业人士不太容易找到。读者可以询问多位心理咨询师，以确保能够接受正确的原生家庭领域的心理治疗。为了找到相关的专业人士，读者可以向心理咨询师提出以下问题：

○ 你是否把原生家庭看作促进人们情感成熟的积极动力？

○ 你是否把个人看作更大的情感体系的一部分？如果你赞同这个观点，那么你认为在此框架之下，应该如何促进一个人的改变？

○ 你是否熟悉鲍文博士的原生家庭理论和实际工作？

○ 你受过这个方面的培训吗？

○ 你是否对自己的原生家庭开展过工作？

我在下面列出了部分专门对心理学专业人士进行鲍文博士原生家庭理论培训的机构。即使这些培训中心都远离你居住的地方，它们也可以推荐一名你所在区域内受过训练的心理咨询师。

鲍文博士原生家庭理论最重要的培训中心位于华盛顿，这就是"鲍文家庭研究中心"（官方网站是：www.thebowencenter.org）。电话号码是 1-800-432-6882。该中心与全世界原生家庭理论的专业人士，尤其是北美地区的心理学专家都保持着联系，所以他们可以为你推荐合适的人选。下面是一些其他培训中心的地址、名称、电话号码以及网站。

1. 加拿大不列颠哥伦比亚省北温哥华市

生活系统

（Living System）

604-926-5496

2. 美国加利福尼亚州丘拉维斯塔市

南加利福尼亚鲍文家庭系统理论教育培训中心

（Southern California Education and Training in Bowen Family System Theory）

619-525-7747

www.socalbowentheory.com

3. 美国加利福尼亚州塞巴斯托波市

鲍文理论培训项目中心

（Programs in Bowen Theory）

707－823－1848

www.programsinbowentheory.org

4. 美国佛罗里达州德尔雷比奇市

佛罗里达原生家庭研究网络有限公司

（The Florida Family Research Network, Inc.）

561－279－0861

www.ffrnbowentheory.org

5. 美国伊利诺斯州威尔梅特市

家庭咨询中心

（The Center for Family Consultation）

847－866－7357

www.thecenterforfamilyconsultation.com

6. 美国马里兰州波托马可市

原生家庭工作中心

（The Center for Family Process）

www.centerforfamilyprocess.com

7. 美国马萨诸塞州多切斯特市

新英格兰地区鲍文理论研讨会

（New England Seminar on Bowen Theory）

www.bowentheoryne.org

8. 美国密苏里州堪萨斯城

堪萨斯城家庭与组织系统研究中心

（Kansas City Center for Family and Organizational Systems）

816-436-1721

www.kcfamilysystems.com

9. 美国新泽西州普林斯顿

普林斯顿原生家庭理论教育中心股份有限公司

（Princeton Family Center for Education, Inc）

609-924-0514

www.princetonfamilycenter.org

10. 美国纽约州罗彻斯特市

领导能力培训中心有限公司

（Leadership Coaching, Inc.）

585-381-9040

www.leadershipcoachinginc.com

11. 美国宾夕法尼亚州匹兹堡市

西弗吉尼亚家庭研究中心

（Western Pennsylvania Family Center）

412-362-2295

www.wpfc.net

12. 美国得克萨斯州奥斯汀市

    肩并肩有限公司

    （Side by Side, Inc.）

    800-204-3118

    www.sidebyside.com

13. 美国得克萨斯州休斯敦市

    自然系统与家庭研究中心

    （Center for the Study of Natural Systems and the Family）

    713-790-0226

    www.csnsf.com

14. 美国佛蒙特州埃塞克斯章克申市

    佛蒙特州家庭研究中心

    （Vermont Center for Family Studies）

    802-658-4800

    www.vermontcenterforfamilystudies.org

15. 美国华盛顿特区

    学习空间机构

    （The Learning Center）

    202-966-1145

    www.thelearningspacedc.com

原生家庭

《母爱的羁绊》

作者：[美]卡瑞尔·麦克布莱德 译者：于玲娜

爱来自父母，令人悲哀的是，伤害也往往来自父母，而这爱与伤害，总会被孩子继承下来。

作者找到一个独特的角度来考察母女关系中复杂的心理状态，读来平实、温暖却又发人深省，书中列举了大量女儿们的心声，令人心生同情。在帮助读者重塑健康人生的同时，还会起到激励作用。

《不被父母控制的人生：如何建立边界感，重获情感独立》

作者：[美]琳赛·吉布森 译者：姜帆

已经成年的你，却有这样"情感不成熟的父母"吗？他们情绪极其不稳定，控制孩子的生活，逃避自己的责任，拒绝和疏远孩子……

本书帮你突破父母的情感包围圈，建立边界感，重获情感独立。豆瓣8.8分高评经典作品《不成熟的父母》作者琳赛重磅新作。

《被忽视的孩子：如何克服童年的情感忽视》

作者：[美]乔尼丝·韦布 克里斯蒂娜·穆塞洛 译者：王诗溢 李沁芸

"从小吃穿不愁、衣食无忧，我怎么就被父母给忽视了？"美国亚马逊畅销书，深度解读"童年情感忽视"的开创性作品，陪你走出情感真空，与世界重建联结。

本书运用大量案例、练习和技巧，帮助你在自己的生活中看到童年的缺失和伤痕，了解情绪的价值，陪伴你进行自我重建。

《超越原生家庭》（原书第4版）

作者：[美]罗纳德·理查森 译者：牛振宇

所以，一切都是童年的错吗？全面深入解析原生家庭的心理学经典，全美热销几十万册，已更新至第4版！

本书的目的是揭示原生家庭内部运作机制，帮助你学会应对原生家庭影响的全新方法，摆脱过去原生家庭遗留的问题，从而让你在新家庭中过得更加幸福快乐，让你的下一代更加健康地生活和成长。

《不成熟的父母》

作者：[美]琳赛·吉布森 译者：魏宁 况辉

有些父母是生理上的父母，心理上的孩子。不成熟父母问题专家琳赛·吉布森博士提供了丰富的真实案例和实用方法，帮助童年受伤的成年人认清自己生活痛苦的源头，发现自己真实的想法和感受，重建自己的性格、关系和生活；也帮助为人父母者审视自己的教养方法，学做更加成熟的家长，给孩子健康快乐的成长环境。